できる社長は、「これ」しかやらない

伸びる会社をつくる「リーダーの条件」

小宮一慶
Komiya Kazuyoshi

PHP

はじめに

ロシアの作家、トルストイの代表作、『アンナ・カレーニナ』。その有名な冒頭には、**「幸福な家庭はすべて互いに似かよったものであり、不幸な家庭はどこもその不幸のおもむきが異なっているものである」**（木村浩訳、新潮社）とあります。

私は経営コンサルタントとして多くの会社を見てきて、これは企業経営にもそのまま当てはまると思っています。うまくいっている企業経営は、似かよっており、失敗している経営の理由はさまざまであるということです。

成功している企業経営は、ある意味ワンパターンなのですが、実は多くの経営者がこの「ワンパターン」を知らない。とても残念なことです。

逆に言えば、その似かよった成功パターンさえ知れば、高い確率で成功するということです。そして、それは、社長にかかっているところが大きいのです。

「会社には良い会社とか悪い会社とかはない。あるのは、良い社長と悪い社長である」

これは経営コンサルタントの大先輩として私が尊敬する故・一倉定《いちくらさだむ》先生の言葉です。
この言葉のとおり、会社の浮沈の鍵を握っているのは社長です。
社長が良ければ、会社は良くなる。社長が悪ければ、会社は傾く。
会社の良し悪しは社長で決まります。
では、どんな社長が「良い社長」なのか。
私の考える「良い社長」とは、次の3条件を充たす会社がつくれる社長です。

1. お客さまに喜ばれる商品やサービスを提供して、社会に貢献している
2. 働く人が幸せである
3. 高収益である

どれかが欠けてもダメで、この3つすべてを充たす会社にしていける人。

それが「良い社長」、言い換えれば「できる社長」です。こういう会社づくりを目指して、社長が行うのが「経営」という仕事です。

「本当に社長がやるべきこと」に集中できていますか？

ところが、実際のところ、経営の仕事の中身は漠然としがちです。

社長は会社全体を統括する立場なので、「いろいろなことに目を通しておかなければならない」という意識で、毎日多忙にしている社長さんも多いことでしょう。

ですが、経営には**「これだけは社長がやらなければいけないこと」**が存在します。

営業や経理と言えば、それぞれ何をやる仕事かが明確なように、経営にも「本当に社長がやるべきこと」があるのです。

それは同時に、「社長がやらなくてもいい仕事」も存在しているということです。


世の中には、そのことを理解しないまま、**「本当にやるべき仕事」に集中できていない社長が意外に多い**のです。

目についた仕事や、社内外から次々に求められる仕事の山の中に埋没し、その対処に追われて、経営の最も大事な部分に注力できなくなってしまっている状況がよく見受けられます。

とりわけ中小・零細企業の社長の場合、現場の仕事もしながら、一人で何役もやらなければならず、このような状況に陥りがちです。

本書を手に取られたあなたはどうでしょうか。

多忙な毎日のなかで、社長として「本当にやらなければいけないこと」が後回しになっていませんか？

あなたの行っている努力は、社長として本当に必要な、正しい努力でしょうか？

会社を良くしていきたいという情熱を持って頑張っていても、それが正しい努力の仕方でなければ、結果につながらず、**「残念な社長」**になってしまいます。

限られた時間、さまざまな制約のなかで、「社長にしかできない仕事」に集中し、成果を上げられる会社にしていくこと。正しい判断のもと、正しい頑張りをすることこそが「良い社長」「できる社長」に求められていることなのです。

この本の狙いは、「経営に対する漠然とした認識を整理し、社長の仕事のムダや間違いをなくす」ことです。成功の「ワンパターン」を理解していただくことです。

トップとして、これだけは社長自身が絶対にやらなくてはいけないことは何か。

経営の本質に集中できるようにする考え方やコツを、いろいろご紹介していきます。

会社をもっと良くしていきたいと考えている社長の皆さんのみならず、これから経営に携わることを目指している皆さんにも役立てていただけると思います。

できる社長は「やらないことを決める勇気」がある

あらためて、自己紹介をしておきます。

私、小宮一慶は、これまで約25年にわたって経営コンサルタントとしてさまざまな会社の経営のあり方を見てきました。

役員会や経営会議に出席させていただいた回数は、優に1000回を超えます。

現在、社外役員や顧問を務めている会社は11社。定期的に開催しているセミナーにご参加くださる会員経営者の方々は、約450名いらっしゃいます。

そして、私自身も小宮コンサルタンツという15人ほどの小さな会社の代表として、実際に経営を担う立場にあります。つまり、経営のアドバイザーであると同時に、私もまた経営の当事者であるということです。

役員をしている会社の中には、親友が経営するプライベート・エクイティ・ファンドという、会社を経営するかたちの投資ファンドもあり、企業買収による経営支援もしています。

こうした仕事柄、実にいろいろな経営者の方々とお付き合いさせていただいてきました。アドバイザー役の私よりも経営の原理原則をよく分かっておられて、会社を大きく成長させてきた方、素晴らしい成果を上げてきた方とも数多くお会いしました。その中には一代で東証一部上場企業を築かれた方も何人かおられ、親しくしてもらっています。

優れた経営者の方は、成功の原理原則を理解しています。

成功の「ワンパターン」を知っているのです。

そして、「社長には、社長にしかできないことがある」ことをよく理解しておられます。自分が何をすべきかをはっきり把握しているのです。もっと言うと、やるべきこととやらないことの判断に長けています。とくに、**やらないことを決める勇気があります。**

現代経営学の父と呼ばれるピーター・ドラッカーは、「優先順位の決定よりも難しいのは『**劣後順位**』、なすべきでないことの決定だ」と言っています。

現実には、何からやるべきかという優先順位の判断も難しいものです。しかし、取り組むべきでないことを決め、その決定を守るのはもっと難しい。なぜなら、それは、経営者としての姿勢に基づいた勇気と覚悟を必要とするからです。会社を良くしていくためには、社長が正しい判断をし、正しい道を示すことが必須です。

とくに、リーマン・ショック以上の経済的ダメージとなったこのコロナ禍を乗り切っていくためには、社長として何をやり、何をやらないかの判断は、いっそう重要になってきます。コロナ禍が終わっても、また、大きなショックが高い確率でくるでしょう。社長が間違った方向に舵を切り、社員みんなが間違った頑張り方をしたら、崖っぷちに早くたどり着いてしまうだけです。

みんなが大変な時代を迎えています。

社長としてどういう考え方や姿勢を持って臨んでいくべきか、ぜひ見つめ直してみてください。そして、本書に書いてあることを理解した気になるだけでなく、ぜひ実践してみてください。

経営は実践です。結果を出さなくてはいけません。

本書を読んで、厳しい時代を乗り切るために、成功の「ワンパターン」を知り、正しい努力をして会社を、そして社会を良くしていける真の「良い社長」が増えてくれることを心より願っています。

CONTENTS

できる社長は、「これ」しかやらない

第2章

社長の仕事は「方向づけ」が8割

第3章 自社の強みを生かす「資源の最適配分」

第4章

「人を動かす」社長の条件

第5章

成功する社長が実践している「良い習慣」

第6章 こんな時、できる社長はどうする？
～シチュエーション別解決策～

装丁――小口翔平＋加瀬梓(tobufune)
本文デザイン――桜井勝志
編集協力――阿部久美子

第1章

できる社長と残念な社長の「7つの違い」

01

できる社長は「この3つ」に注力している

経営とは「方向づけ」「資源の最適配分」「人を動かす」

最初に「社長がやるべき仕事とは何か」を確認します。
シンプルに言えば、実は3つだけなのです。

「経営の本質」を一言で説明できますか？

「はじめに」で、経営者が「絶対にやらなければいけない仕事」の重要性を述べました。具体的に整理すると、次の3つに絞り込むことができます。

1. 方向づけ
2. 資源の最適配分
3. 人を動かす

1の「方向づけ」とは、「何をやるか、やらないか」を決断して方向性を示すこと。

2の「資源の最適配分」とは、ヒト・モノ・カネといった会社の有する資源を、適正に配分して成果を上げられるようにすること。

3の「人を動かす」とは、資源のなかでも最も重要な、人材の活かし方です。社長が何を言い、何をすれば、社員が生き生きと働き、パフォーマンスを上げていけるか。それを考え、実行する。この3つが、経営の最も本質的な要素です。

この3つに関して、「正しい努力」を積み重ねていくのが社長の仕事なのです。

もちろん、中小企業の場合、社長はこれらの仕事だけをやっているわけにはいきません。しかし、部下が経営の仕事をやってくれるわけでもありません。社長が自ら経営の本質に関わる仕事をすることが、会社を発展させるためには、ぜひとも必要なのです。

「方向づけ」が社長の仕事の8割

なかでも、方向づけ、「何をやるか、やらないか」を決めることこそ、社長がやらなければいけない仕事の第一です。社長の仕事の8割は、この「方向づけ」だと言えます。

方向づけとは、言い換えれば「戦略」です。

現在のように経済環境が激変し、先が読みにくい時代には、どういう戦略で独自性を出していくかということが、経営を大きく左右します。

外部環境の変化や、同業他社と比べての自社の強みなどを認識したうえで、他社と差別化を図り、業績を上げるために、「何をやるか」「何をやめるか」の判断をする。

これは社長でなければできないことです。

方向づけを間違ってしまうと、企業はどうなるか。

資源も問題なく配分され、人も前向きに動く態勢が整っているなかで、間違った方向に向かってみんなが頑張ったら、崖っぷちに早く到達するだけです。

うまくいかない会社というのは、たいてい方向づけの間違いが原因です。

危機に瀕している会社も、社員はみんな、目の前の仕事に頑張っているのです。しかし、方向づけに関して何度かあったはずの修正ポイントで、社長が正しい進行方向へと舵を切り直せないから、沈没してしまうわけです。

正しい方向づけには、「知恵」がものを言う

適切に方向づけをしていくために必要なのは、「知恵」です。

方向づけをする際、**まず判断の根幹となるのは、会社の存在意義（ミッション）や将来構想（ビジョン）、行動規範（ウェイ）などの理念に合っているか、**ということです。

そこに、外部環境や内部環境の分析結果を加味して、具体的な戦略を構築していくわけですが、それには適切な判断材料が必要です。

幅広く正確な知識や情報を収集していれば、それだけ判断の精度が高くなりますが、それは普段からの習慣や思考パターンがものを言います。

さらに言えば、**ものの考え方の基軸となる思想、哲学を持っていれば、決断にブレが生じにくくなり、正しい判断を速やかにできるようになります。**

例えば、ファーストリテイリングの代表取締役会長・社長の柳井正さんは、経営判断に当たってはドラッカーの教えに基づいて考える、と公言しています。

ドラッカーの考え方を経営の基軸としている経営者は多いですが、ベースにしっかりとした考え方を持つことで、方向づけの正確性を増すことができます。

優秀な経営者は、勉強熱心です。自分の経営判断のバックボーンが充実すればするほど、方向づけの間違いがなくなることをよく分かっているからだと思います。だから、どんなに忙しくても、経営に必要な知恵を身につける姿勢をおろそかにしないのです。

残念な社長は、目先の「やっている感」に満足している

「方向づけ」「資源の最適配分」「人を動かす」——。

もし社長が、この3つの仕事をやらない会社はどうなるか。

以前、ある大企業の会議に出て、驚いたことがありました。社長がある子会社の一つの店舗の「椅子の足を何にするか」という話に一生懸命になっていたのです。

その社長はオーナー経営者で、絶対的な権力を持っていました。細かいことも口うるさいので、後で「お叱り」を受けないようにと、部下たちは何から何まで逐一お伺いを立てていたのです。

この手のことは分かりやすい話で、「やっている感」があります。社長本人も、「俺がいると、いろいろすぐ決まるだろう」という顔で、喜々としてやっているのです。

中小・零細企業では社長が何でもやらないといけないということはありますが、会社の規模がここまで大きくなっていながら、まだこんなことをやっているのか、とこの会社の今後が心配になりました。

私はそのとき、一倉定先生のこの言葉を思い出しました。

「ダメな会社というのは、社長が部長の仕事をし、部長が課長の仕事をし、課長は係長の仕事をし、係長は平社員の仕事をしている。平社員は何をしているかというと、会社の将来を憂いている」

社長が自分のやるべき仕事をせずに、現場に細かく介入してしまうと、本来ならそれぞれの裁量で決め、報告だけ上げればいいようなことが、思うように進められません。すると、その下の部長たちも自分で考えなくなり、忖度ばかりするようになります。実際に現場で仕事をする社員の立場からすると、将来が嘆かわしくなるわけです。

つまり、**社長が社長の仕事をしていないと、部下も立場に応じた仕事ができません。**

だからこそ社長は、社長の仕事＝「経営」を行わなければいけないのです。

それぞれが立場に応じた仕事のできる会社にするためには、トップが自分のすべき仕事に集中し、部下に任せられる部分は任せる姿勢を示さなくてはいけません。

賢い社長は、余計なことにムダな労力をかけません。それは社長自身のためにも、社員のためにもならないことをよく分かっているからでもあるのです。

「方向づけ」「資源の最適配分」「人を動かす」のそれぞれについては、第2章以降で個別に詳しく説明していきます。

Point

社長は社長の仕事をする。

02

常に「10年先を考える」視点がある

10年後の世の中を想像し、自社のあり方を逆算せよ

「これから」のことを考えるのは、経営者にしかできない仕事。世の中の流れを見据え、常に10年先を考えているのが、できる社長です。

社長は未来を語れなくてはいけない

「この会社を、これからこうしていきます。このビジョン（将来構想）に基づいて行動すれば、5年先も10年先もわが社は安泰です。ですから、皆さんは目の前のことをしっかりやってください」

社員に対して、自社の将来を約束することは社長の大事な役目です。**中長期のスパンで未来を考え、それを具体化し、言葉ではっきり提示する。先を見据えて会社の将来を語ることは、社長にしかできないこと**です。

毎日が忙しいからといって、目の前の課題、いま現在のことばかりに躍起になってい

る社長は、けっして良い社長とは言えません。

終身雇用制はもはや過去のもので転職が当たり前の時代かもしれませんが、それでも、この先どうなっていくのかが見えてこない会社では、社員の不安が募ります。若手社員は、ひょっとすると、10年どころか、20年、30年この会社で働くかもしれないのです。

社長が将来に向けてしっかりと展望を語ってくれたら、社員は前向きな希望を持って働くことができます。転職も減り、「この会社で頑張っていこう」と思えます。

いまがどんなに良くても、長い目で見て、会社を存続させていけなければどうしようもありません。**経営は、中長期的に考える視点を持たなければならないのです。**

▼「10年後を具体的に想像する力」を身につけよ

私は経営者の方たちに、**「10年先を考える」**ことをよく話します。

できることなら20年、30年先の将来まで考えられるようであればより良いのですが、社会の変化が速くなり、先のことを予測するのは昔に比べてとても難しくなっています。

そこで、10年後でもとても難しいのですが、10年先を一つの目安にしてください、と言っているのです。

10年先を考えるには、**世の中の流れを読む感覚と想像力が必要**です。

ピーター・ドラッカーがいうように「人口動態」の変化は、ほぼ確実に将来にも影響を及ぼします。２０２０年、日本人人口は前年より50万人減少し、現在29％程度の高齢化率は、ますます上昇します。このことは将来の日本の社会や経済に影響を及ぼすことは確実です。ＡＩをはじめとするテクノロジーがさらに進化することも確実です。しかし、多くのことが将来どうなるかは、なかなか分からないのが現実です。

そこで、私は、**「経営者は新聞を丹念に読んでください」**と口を酸っぱくして言っていますが、それは世の中の短期・長期の動きに関心を持ち、情報収集をする習慣をつけ、世の中の流れに反応する感覚を研ぎ澄ませるためです。

もちろん、それでも未来がどうなるかは誰にも分かりません。今回の新型コロナウイルスのように、突然何が起きるかは分からないわけです。

しかし分からないなかでも、**現実的なリスクを回避することを考えながら、将来的にどうしていこうかと考え続け、それを具体的に掲げる。**そして、**社員に、株主に、お客さまに会社の将来像を示していくのが、社長の社長たる仕事**です。

▼ ２５０年先まで見据えていた松下幸之助

日本電産の代表取締役会長の永守重信さんは、「100年後に生き残るためには長期的思考がなければ絶対に無理だ」と語っています。

とんでもなく長いスパンで遠い将来を見ていたのが、松下幸之助さんです。

松下さんの本を読んでいたら、25年をひと区切りとして、10世代にわたって事業を続けることで社会を良くしていくという理念のもと、25年×10世代の「250年計画」という壮大な計画を立てていたことが書かれていました。

そんな松下幸之助さんの経営哲学に強く影響を受けたというソフトバンクグループ代表取締役会長・社長の孫正義さんも、「30年ビジョン」を打ち出し、「300年成長し続ける企業にしていく」と語っています。

社長業とは、会社を存続させるためにやるべきことを中長期的に考える仕事なのです。

長い目で考えられる人ほど、遠い将来を見通すことができるのです。これも普段からの習慣や思考パターンによるものです。

Point

「10年後、会社がどうあるべきか」を示すことができるのは社長だけ。

03

社長は「歩くビジョン・理念」であれ

良い会社には、「良い経営理念」が必要不可欠

あなたの会社の経営理念は、社員全員に浸透していますか？
経営理念の浸透は、社長にしかできない仕事の一つです。

▼経営には「ミッション」「ビジョン」「ウェイ」の3つが必要

会社には、経営の根本となる考え方があります。

理念、信条、ビジョン、ミッション、綱領、社是、社訓……呼び名はさまざまですが、会社が大切にしているものの考え方、価値観のことです。

これは経営者だけが知っていればいいわけではなく、社員一人一人に浸透していて、心の支柱にできているようだと非常にいいわけです。

私は経営理念を次のように整理して捉えています。

「ミッション（使命）」……何のためにやるのかという事業の目的や会社の存在意義
「ビジョン（将来像）」……ミッションを達成するための具体的な将来の目標
「ウェイ（行動規範）」……ミッションやビジョンを遂行するに当たってのルール

最初に、企業の目的（存在意義）である「ミッション（使命）」。自社が何のために存在しているのかを示しています。そして、そのミッションを達成するための将来的な構想として「ビジョン」を描き、行動規範となる「ウェイ」についても定める。これが私の考える経営理念の要素です。

綱領、社是、社訓なども、それが目的や存在意義なのか、目標なのか、行動規範なのかで分けることができます。こうした会社の根本となる考え方を総称したものが「理念」だと捉えれば、すっきりと分かりやすくなるのではないでしょうか。

理念の核となるのは「志」や「信念」

2024年に新一万円札の顔になると言われている渋沢栄一は、かつて日本の実業界の牽引者でした。彼は生涯で約500社の企業の創立・育成に関わったと言われます。

なぜ、それほどたくさんの会社をつくろうとしたのか。

著書『論語と算盤』のなかで、そのヒントとなることを語っています。

海外視察を経験し、欧米諸国の隆盛は商工業の発達によるものだと感じた渋沢は、いつか、日本も彼らと肩を並べられるような国にならなければと考えるようになります。「国家のために商工業の発達を図りたい」と志を抱いて、実業界の人になろうと決心。40年以上経ってもこのときの「立志」は一貫して変わらない、というのです。

国家のため、日本の発展のために尽力したい。この「志」こそ、渋沢栄一をずっと動かし続けた強い動機、まさに「ミッション（使命）」だったのだと思います。

志や信念に基づいた目的や存在意義があると、ブレることのないミッションとして原動力になります。しかも、**その想いが、「自分たちのため」ではなく、「世のため、人のため」であれば、使命としていっそう強固なものになる**のです。

長期的な展望で社会に貢献しようという姿勢の理念を持った会社は強いです。

ただし、耳ざわりのいい言葉を並べただけで、「本気で思っていないだろうなあ」という感じの理念もよくあります。そういう会社はあまり成長できませんし、一時的に調子のいいときがあっても、長続きはできません。

ときどき、「うちの会社のミッションとビジョンを考えてもらえませんか？」という依頼が来ることがありますが、ビジョンを考えるお手伝いはできますが、ミッションは無理です。自社の志だからです。私はお断りすることにしています。外部の人間に考えてもらおうとしている時点で、ミッションに対する意識がズレているのです。

どんな会社にも、お客さまや社員、社会から支持される志が必要なのです。「こういうことを成し遂げるために、会社をやっている」という志や信念です。それも、経営者の私利私欲では、誰もついてきません。自分たちは何のために会社をやっているのかを、常に見つめ直し、それを言葉にして社内に浸透させた会社が強くなるのです。経営者はその志を本当に自分のものとし、その宣教師でなければなりません。

良い事業は「お客さまも、働く人も幸せにする」

「事業の目的は顧客の創造である」とドラッカーは言っています。

顧客を創造するとはどういうことか。それは、**良い商品やサービスを提供して、お客さまに喜んでもらうこと**です。

自社でしかできない独自の商品・サービスが提供できれば、お客さまは増え、継続します。それが「顧客の創造」なのです。それは、言い方を換えれば、事業を通じて、人を幸せにしている、社会に貢献しているということになります。

では、社員の側からはどうでしょうか。

自分のやっている仕事がお客さまに喜んでいただけている、人を幸せにする事業に携わり、社会に貢献できていると感じられることは、働く人にとっても喜びです。仕事に価値を感じ、幸せを感じることができる。「働く喜び」を得られるわけです。

ドラッカーは、「社会とは、構成員を幸せにするためにあるべきものだ」ということも言っていますが、良い商品やサービスの提供を通じて正しい顧客の創造ができれば、ビジネスはお客さまも社員も幸せになる、社会に幸せをもたらす営みになります。

そう考えると、**会社経営の目的は、喜ぶ人を増やすこと、人を幸せにすることに置くべきです。また、そのほうが結果的にもうかることは明らかです。**お客さまが喜んで買ってくださり、働く人も喜びを感じて活き活きと働くわけですからね。

ブラック企業がなぜ良くないのか。それは人の幸せに結びついていないからです。お客さまをだまし、喜んでいただける商品・サービスを提供していないとか、社員が幸せに働けていないとか、社会とのあり方に不整合な組織だから叩かれるのです。

社長自らの姿勢で、理念を社員に浸透させよ

何のためにやるのか、何を目指すのか、そのためにどういう行動をしていくのか――。

会社の「ミッション、ビジョン、ウェイ」は社員と共有できていないといけません。

素晴らしいミッションやビジョンがあっても、その価値観が社員を動かすものでなければ、成果は上がりません。イズムが共有され、社員がミッションやビジョンの達成のために本気になれる会社は大きく成長します。

経営者が代わっても、会社の業態が変化しても、「どういう会社でありたいか」という「核」の部分がしっかりしている会社は、長く成長し続け、存続していきます。

そのためには、**経営者は、自らが率先して経営理念を実践し、さらには、それを語り続け、浸透への努力を惜しまないことが大切**です。それは社長にしかできない仕事です。社長自ら、「歩くミッション・ビジョン・ウェイ」となって指揮官先頭でそれらを実践し、そして宣教師として経営理念の大切さを社員に説いて浸透させるのです。

私の会社では、経営方針の大事な部分を、朝礼で毎日読み上げることにしています。毎日声に出して読んでいると、その精神が身体に刻み込まれます。

Point

理念は会社の心棒。自身が実践し、社員に周知徹底を図らなくてはいけない。

04

お金は、目的ではなく「結果」である

「お金を追うな、仕事を追え」——人生の師の忘れられない教え

会社が利益を上げることはもちろん大事ですが、それを目的にしてしまうと、会社はおかしくなっていきます。

利益を最優先する社長が決してうまくいかないワケ

事業を通して収益を上げることは、ビジネスの必須条件です。

どんなに素晴らしいミッションを持ち、誠実な経営をしていても、売上や利益の出ない会社を私は信用しません。社会から評価されていないからです。そして、社員を幸せにすることができないうえに、会社を存続させていくことが危うくなるからです。

だからといって、収益を上げることを事業の目的にしてはいけません。

お金を稼ぐことは目的を達成するための手段であり、結果なのです。

「はじめに」で、良い社長の条件として、「1．お客さまに喜ばれる商品やサービスを提供して、社会に貢献している」「2．働く人が幸せである」「3．高収益である」、この3つの条件を充たす会社をつくることだと言いました。

このとき、**高収益であることは、あくまでも3番目の要素なのです。**

良い商品やサービスを提供し、お客さまに喜んでいただく。そういう仕事を通じて、働いている人が幸せを感じる。この2つができたうえでの、利益なのです。

「お金が目当てで会社を始めて、成功した人を見たことがない」

これは、アップル創業者、故・スティーブ・ジョブズの言葉です。

ジョブズの関心、そして社員の求心力になっていたのは、「世界を変える革新的な製品をつくり出すこと」でした。

ジョブズは1985年に一度はアップルを追われますが、約10年後、アップルの業績の低迷により復帰します。なぜ自分がいなくなってダメになったのか。

失敗の原因はトップの考え方、価値観にあった、とジョブズは語っています。

「アップルをなにによりアップルたらしめてきたもの、すなわち人々のためにより良きコンピュータをつくることはないがしろにされ……富が優先されていった」

原動力は製品であるべきなのに、金もうけを目的にしてしまったからだというのです。

このように、利益を最優先させると、いろいろなことが変わっていきます。

どんな人を雇うのか、誰を昇進させるのか、会議で何を話し合うのか、どんな製品をつくるのか。その結果、当初の会社の存在意義は、どんどん崩れてしまいます。


これはなにもアップルに限った話ではありません。

「数字」ははっきりと分かりやすいので、売上や利益を達成目標にすることは一般的にどこでも行われています。私の会社でも重要なＫＰＩ（Key Performance Indicator：重要業績評価指標）の一つにしています。しかし、その目標達成は、会社が本当に目的にしていることを達成するための手段や評価にすぎません。そこを逆転させてはダメです。

「お客さま第一」という理念を謳っている会社が、利益のことを一番にするようになったら、「お客さまそっちのけ」になってしまいます。

売上は大事、利益も大事です。

しかし、それは**良い仕事の結果として後からついてくるもの**なのです。

一流の社長は「良い仕事をすること」を第一としている

「お金を追うな、仕事を追え」

これは私が人生の師として慕っていた禅宗の老師、故・藤本幸邦《ふじもとこうほう》先生の言葉です。

長野県篠ノ井の円福寺というお寺の住職でしたが、晩年は曹洞宗の大本山・永平寺の最高顧問も務められるような高僧でした。私は30代のころからいろいろ教えを受けてきて、藤本先生のボランティア活動の東京事務局長もしてきましたが、10年ほど前に99歳で亡くなられました。

その藤本老師が繰り返しおっしゃっていたのがこの言葉なのです。

お金を追い求めるような生き方をするのではなく、いついかなるときも**自分にできる最善を尽くし、良い仕事をすることが、さらなる仕事につながっていき、結果としてお金が入ってくる機会がまた増える**、という意味です。

私はこの老師の教えを胸にしっかりと刻み、常に自分に与えられた仕事をしっかりと務めることを心がけています。

Point

お金は目的達成のための手段であり、結果にすぎない。

05

「マクロ・マネジメント」が中心

現場レベルの仕事は、徹底的に部下に任せよ

現場レベルの仕事の管理・監督は、社長の仕事ではありません。社長は適度な距離感で、社員の自主性を育むべきなのです。

これからの会社には「経営と執行の分離」が求められる

近年、「コーポレート・ガバナンス（企業統治）」の見地から、大企業では、経営と執行の分離がどんどん進んでいます。

例えば、トップの役職を、ＣＥＯ（Chief Executive Officer：最高経営責任者）とＣＯＯ（Chief Operating Officer：最高執行責任者）に分ける会社も増えています。

ＣＥＯとＣＯＯは、経営と執行の責任分担がはっきり区別された役職です。

ＣＥＯは、経営の全体的な責任を担う立場です。現状がベストかどうかを確認しながら、長期的にものを考え、10年後のためにいま何をやるべきかという視点で経営方針を

立て、意思決定をする。

COOは、決められた経営方針や戦略の結果を出すために、業務を推進します。具体的には、決めたことをどのように実践するかはすべてCOO以下の執行チームに任せ、社長は大きな視点での経営（マクロ・マネジメント）に専念する。

これが可能になると、社長の仕事はだいぶすっきりと整理されるとともに、時間にも余裕ができます。本当にやるべきことに邁進しやすくなります。

中小企業でも基本は同じです。ただ、オーナー社長が一手に権限を握っていることが多く、経営と執行の分離は進みにくいところがあります。もちろん、中小企業では執行部分にも社長が関与する必要がある場合が多いでしょうが、それでも、経営と執行の違いを十分に認識しておく必要があります。「そんなの無理」などと言っていたら、一生、中小企業、それも低収益の中小企業から脱却できません。

そう考えれば、**どんな企業でも、経営と執行を分けることを意識する必要があります。**

ただし、中小企業が大企業と同じやり方で、いきなり完全分離することは難しい。

そもそも経営と執行というのは地続きのもの。組織の規模が小さければ、どこまでが経営、どこからが執行とスパッと線引きができるものではありません。ただ、中小企業こそ、経営が必要で、執行を経営と勘違いしないことが大切なのです。

現場判断ができる部下を育てる

では、どうしたらいいか。私は、「マネジメントの質を変える」ことを提案します。

具体的には、**社長はマクロ・マネジメントを中心にし、マイクロ・マネジメントは、口出しはするものの、判断や管理は部下に任せるようにするのです。**

マクロ・マネジメントとは、巨視的なスタンスに立ち、方針を示して自主性に任せることです。対するマイクロ・マネジメントとは、細かいことまで具体的に指示したり監督したりすることです。

つまり、社長は、未来につながること、長い目で見てやるべきことの仕組みを築いたり、枠組みを決めるまでを仕事として、決めたことがどう行われているかの管理、監督は担当部門の責任者に任せる。これを徹底するのです。もちろん、理念の浸透も大切な仕事です。

時々、社員がきちんとやっているかを管理することをマネジメントだと思っている人がいますが、管理は決めたことがうまくいっているかどうかを見るための手段にすぎません。これは社長ではなく、部長がやればいい仕事です。**そのためにも、任せられる中間管理職を鍛え、育てなければなりません。**それは社長の仕事です。

社長というのは、だいたいが自分でやったら社内の誰よりもうまくできてしまうものです。だから、いろいろなことに気がつく。部下のできないところが目についてしまう。自分だったらできるがゆえに、つい口を出してしまいます。

しかし、ずっとそれを続けると部下が指示待ちになり、伸びなくなります。**社長があまり口を出すと、自主的に考え、工夫する力が鍛えられません。**

方針をきっちり定め、その後は、それぞれの裁量である程度自由にやらせて結果につなげ、自信や達成感をつけてもらうようにするのが、トップのやるべきマネジメントです。適度な距離感を持って見守りながら、部下を育てるのです。

社長が大きい方針を示さず、細かいことばかり言っている会社では、社員は「指示待ち」を常態としてしまうようになり、自主性、主体性、積極性が育ちません。

相手を変えようとする前に、まず自分のあり方を変えることで、社員のやる気も、会社の雰囲気も、業績も伸ばしていけるかもしれません。

Point

社長は、マクロ・マネジメントを中心にすることが、社員を育て、会社を成長させる。

06

「ガバナンス」を意識した経営をしている

あなたの会社では「本当に経営で必要なこと」が議論されていますか？

「ガバナンスなんて大企業だけの話では？」というのは昔の話。いまの時代、経営者にはガバナンス意識は必須です。

なぜいま、ガバナンスの必要性が高まっているのか

あなたは「ガバナンス」に関心を持っていますか？

会社経営に携わっている、あるいは携わろうとしている人だったら、無視できないと感じてはいることでしょう。最近では、「コーポレート・ガバナンス（企業統治）」という表現もよく使われています。

これは、一言で言うなら、**会社経営において、経営者が正しい意思決定をしてパフォーマンスを出しているかどうかを監視する仕組み**のことです。

会社の不正行為や不祥事を防止し、健全な事業活動が行われているかどうかを監視す

るために、近年多くの会社で取り入れられています。

例えば、株式会社における取締役会は、本来、経営に対する意思決定やその執行が正しいかたちで行われているかどうかを「取り締まる」ためのものです。

ところが、日本企業の多くは、社内で各事業部を管轄している責任者が取締役として並んでおり、代表取締役は取締役のなかでも一番力のある人が任命されていることが少なくありません。これでは、経営陣のやっていることを客観的に監視し、取り締まるような機能が果たせないわけです。

アメリカでは、取締役会というと、「社外取締役」が大半を占めるのがごく普通です。

こうした状況の中、日本企業もコーポレート・ガバナンスを強化すべきだということで、上場企業に対しては、社外取締役を2名以上選任しなくてはいけないように、コーポレート・ガバナンス・コードによって定められました。

これにより、近年は社外取締役が増え、経営をチェックする力が機能するようになってきています。

議論されるべきことがきちんと議論されているか？

私も複数の企業で社外役員を務めていますが、ガバナンスで一番重要なことは、「会

社の存続のために、議論されるべきことがきちんと議論されているかどうか」だと考えています。

経営がきちんと行われていくために、客観的な視点から言うべきことを言う。それが社外取締役の役割です。

社内の人たちだけでやっていると、どうしても自分たちの都合のいいやり方を採りがちです。だから、外部の違う立場、異なる考え方をする人の意見を聞く。

社外取締役に選ばれるのは、他企業の経営者や豊富な経営経験のある人、コンサルタントや大学で教えている人などが多いです。経営のことをよく分かっている人ばかりですが、業界のことに詳しくはないので、執行に関して細かいことを言われても分からないわけです。

しかし、だからこそ、**本当に経営で必要なことを議論できるのです。**

「なぜこんな投資をしなければいけないのか」とか、「この不採算部門をどうして売却しないのか」といった経営上の大きな話に集中できるのです。

中小企業も、社外取締役を置くなどの仕組みを整え、経営体制に対して外部から多様な意見を取り入れることを積極的にやっていくべきだと思います。

中小企業は、社長一人に権力も責任も集中しやすいだけに、大きな組織以上に外部の視点からの監視が必要だからです。

また、社長が経営のことを相談しようにも、相談できる相手がいない、というケースも多いです。経験や知見豊かな社外取締役の違った角度の意見は、一人で考えていたのでは気づくことのできないヒントを与えてくれるかもしれません。

社外取締役の存在を活用することは、優れた軍師、参謀を得るようなものだと思えばいいのです。そういう意味では、うるさいことをいろいろ言ってくれる人ほど、有難い存在になります。

経営の判断は、最終的には社長自身が決断するしかないものですが、そこにいたるまでに多様な意見に耳を貸し、多面的に勘案したうえで判断を下せば、それは「独断」ではなくなります。

Point

ガバナンスを意識した経営は、リスク回避という「守り」の面だけでなく、業績向上を支えるものにもなる。

07

社長は「機能にすぎない」と心得ている

「自分は偉い」と勘違いしている社長が会社をダメにする

傲慢で偉ぶっていたり、理不尽を言ったり、公私混同していたり……。「社長は何をしてもいい」なんて考えは、すぐに捨て去るべきです。

社長は責任が重い立場にいる分、報酬が多いだけ

突然ですが、一つ質問です。

「社長」は、人間的に偉いのでしょうか?

たしかに、社長は社内で一番権限を持った存在、序列化すると一番上の地位かもしれません。社外の人からも、「社長、社長」と持ち上げられるかもしれません。

しかし、人間として特別優れた力を持っているわけではありません。

そもそも、肩書とは「役割分担」を示すものです。

組織は、効率良く仕事を進めるために、業務を細分化、専門化しています。

営業部は営業の機能を集中的に果たし、経理部は経理の機能を集中的に果たす。社員には社員の、課長には課長の、部長には部長の役割がある。

それと同じように、**社長は社長という役割、機能であるにすぎません。**

社長は、最高の意思決定者として会社の方向性を決定する立場です。権限も大きいですが、課せられている責任も重い。

一倉定先生は、**「電信柱が高いのも、郵便ポストが赤いのも、すべて社長の責任であると思え」**とおっしゃっていましたが、社長とはそのくらい、すべての結果に責任を負わなければならないものだということです。

それほど背負うものが大きく、厳しい立場だから、その分、報酬が多い。

そういう仕組みになっているだけで、無条件に「偉い」わけではないのです。

ところが、**社長という肩書を自分自身の力のように勘違いしてしまう人がいます。**

職制として多くの権限を持つようになっているだけなのに、組織を自由にできる権力を手にしたような気になってしまう。人は社長という役割や、会社のお金に頭を下げているだけなのに、自分の力にひれ伏しているように思ってしまう。

やたらと偉ぶり、傲慢な態度を取る。無理難題を平気で言い、人を顎で使う。会社のお金を、自分のお金のように思って、社用の高級車を私用で乗り回したり、私腹を肥やしたりする。

勘違いして正常な判断力を失うと、人は歯止めなく愚かな道を突き進みます。

成功する社長とは「社長になる準備ができている人」

世の中には「地位は人をつくる」という言葉がありますが、私は疑問を抱いています。

然るべき立場に身を置いているうちに、誰でもその地位にふさわしい人間になるのであれば、世の中にはもっと立派な社長があふれているはずです。

しかし、そうはなっていません。つまり、地位は人をつくったりしないのです。

私の持論ですが、**「チャンスを活かすのは準備だ」**と常々思っています。

チャンスを活かすためには、準備ができていないといけない。

したがって、**社長の地位に就いて、良い社長として評価を得られるようになるには、経営者として必要なマインドを身につけ、準備を整えていなければいけない。**その準備ができている人だけが、立場を得たときに本領を発揮できる。私はそう考えています。

もともと準備のできていない人は、地位を得ても良い働きはできません。

成し遂げたいものをはっきり自覚でき、自身の考え方を向上させ、そこに向かって正しい努力のできる人が、チャンスをものにすることができるのです。

「企業は社会の公器である」。これは松下幸之助さんの考え方です。

「会社とは社会に役立つことをするためにあるのだ」という使命感を持つこと。

これはどんな会社であろうと共通のミッションです。

「自分たちの仕事を通じて社会に貢献する」「お客さまも社員も幸せにする」――本気でこう思っている人でなければ、社長として本当の成功はないと私は思います。

第1章では、できる社長が心得ておくべき視点についてお話ししました。こうした基本を踏まえたうえで、できる社長は実際、何をやっているのか――。

次の第2章では、社長の仕事の8割を占める「方向づけ」について論じていきます。

Point

社長も一つの機能。企業は社会の公器である。

第2章

社長の仕事は「方向づけ」が8割

01

優先順位をはっきり決めよ

やると決めたことだけに集中する「重点主義」のすすめ

社長は優先順位をはっきりさせる。
取り組むべきことと、取り組まなくてもいいことをはっきり決めるのです。

まずは「やるべきこと」を決めよう

社長の仕事の8割は「方向づけ」だと言いました。

社長は、将来を見据え、環境の変化を読み解きながら、自社のミッション（使命）やビジョン（将来像）を達成するにはどうするべきかを予測し、決断しなければいけません。

いかにして、「正しく決められる社長」になるか。

この章では、社長として必要な判断力、方向づけの能力を高めていくにはどうすればいいのかを語っていきます。

まず大事なのは、**やることとやらないことをはっきり決める**ことです。とくに、やらないことを決めることです。

参考になるのは、ドラッカーです。彼は、このことを「**劣後順位の決定**」と呼び、次のように述べています。

「優先順位の決定は比較的容易である。(優先すべきことに) 集中できる者があまりに少ないのは、劣後順位の決定、すなわち取り組むべきでない仕事の決定とその決定の遵守が至難だからである」

「やりやすいこと」「緊急だが重要でないこと」に要注意

やらなければいけないことがたくさんあるとき、一般的には「優先順位をつけよう」と考えることが多いと思います。何が重要なのかを明確にして、重要なことからやろうとするわけです。

しかし、実際に立て込んだ状況になると、人は優先順位の高い重要なことからではなく、**「やりやすいこと」からやってしまう傾向があります。**

そして、重要なことが後回しにされる。しかし、これでは何のための優先順位か分からなくなってしまいます。

また、緊急性の高いことは優先順位も高くなりますが、**緊急性の高いことが必ずしも重要な事案ではない**という場合もあります。

優先順位をつけることは物事を整理するために必要なことですが、それだけでは、大事なことも、あまり大事ではないことも、すべてやろうということになりやすいのです。

何でもかんでも全部やらなくてはいけないと考えるのではなく、「これはやらない」と決めて、思いきって切り捨てる。それが劣後順位を決めるということです。それにより、優先順位の高いことに集中するのです。

私の感覚では、年度の経営計画を立てる際などには、せいぜい3つくらいの重点項目を掲げ、それを徹底的にやる。逆に、それ以外は忘れる。そのほうが、何でもかんでも手をつけて、どれも中途半端になるよりもずっと結果が出ると思います。

あれこれ手を出さず「重点主義」に徹せよ

これとほぼ同じことを、一倉定先生は**「重点主義」**と言って重視されていました。

仕事とは、限られた時間内にやらなければいけないもの。何もかもやろうとしたら時間はいくらあっても足りません。

何が重要なのかを考えて、どうしてもやらなければならないことだけを重点的にやる。重点主義とは、やるべきことを決めるのではなく、やらないことを決めることだ、

とおっしゃっていました。

一倉先生の著書『マネジメントへの挑戦』（日経BP社）が最近、復刻されましたが、重点主義の話はこの本のなかに書かれています。

例えば、経営計画を立てるとき、成長を目指したいと考えるあまり、ついいろいろなことを盛り込んでしまいますが、それでは「絵に描いた餅」になってしまうのです。

あれもこれもと総花的に考えるのではなく、重要なことだけに絞り込んで、本当に実現させるべきことに集中する。

そして、**やると決めたことは、全力で、徹底的にやりきる。**

これが本当に重要な仕事に正しく時間をかけ、確実に成果を出す秘訣です。

Point

あれもこれもやろうとせず、やるべきことを絞る。やると決めたことは、絶対にやりきるのが、社長の仕事。

02

できる社長は「せっかち」である
「動きながら考える」から進むべき道も見えてくる

意思決定の遅い社長なんて、言語道断。
決断が早く、行動も早いと、方向づけもうまくいきます。

成功する社長は「先のばし」にしない

成功する社長の共通点。それは、**せっかち**だということです。決断も早い、行動に移すのも早い。何でもすぐやろうとする。

決断が遅くてなかなか決めない上司がいると、下にいる人たちはどんなにやる気があっても動けません。部下の時間をムダにします。

トップの意思決定が遅いと、現場の動きも止まってしまいます。それが続くと、社員の士気は落ち、会社に停滞ムードが流れてしまいます。

せっかちかどうかは性格的なものだから仕方ないと思っている方もいるかもしれませんが、私は意識の持ちようで変えていけるものだと考えています。

「すぐやる」というのは、言い換えれば**「いまやれることを、いまやろうとしているか」**ということです。**明日のばしの習慣を持たない**ということです。

もっというと、**「未来を変えるのはいまだ」と思っているかどうか。**

「いまやろう」「すぐやろう」とアグレッシブに動くことによって、未来を変えていくことができる。そのことを分かっている人は、未来に、その先の未来を変えようと思っていない、つまり明日のばしにしないのです。

例えば経営計画、3年計画を立てる。こういうことをやろうと考え、「では来年からスタートさせましょう」なんて言っている社長は、だいたいダメです。

いま、経済的な理由や物理的な理由があり、どうしてもやれないことを除いて、やったほうがいいことなら、いますぐ始めるべきです。

3年後にこういう会社でありたいと考えたら、3年後にそうなるための布石は、いまこのときから打てることはすべて打っていかなければいけないのです。

未来を変えるための行動を、未来にやろうとするのは、ダメな人の後回しの習慣。

いまやれることにベストを尽くして、いまから未来を変えようとしているか。

いまの行動が未来を変えることを、社長は誰より強く認識していなければいけません。

最初から「完璧に判断しよう」と思わない

なかなか決められない人、決断の遅い人は、判断が生む未来に対して自信が持てないのだと思います。しかし、じっくり考えたら最適解が見つかるわけでもありません。

むしろ、**最適解は「トライ&エラー」のなかで見えてくる**ものです。

どんな問題でも、意思決定をする時点では「こうするのがいいんじゃないか」という「仮説」にすぎません。決めたことが裏目に出てしまうこともあります。人間のやることですから、常にうまくいくわけではありません。

もちろん、うまくいく確率、判断の精度は高いほうがいいですが、意思決定に100%の確信を持てることなんてあり得ないのです。**判断に完璧はありません。**

仮に、「ちょっと違ったな」ということでも、早く決めて、早く動き、失敗だということも早く分かれば、早く次の手を打つことができます。

ですから、考えすぎ、慎重になりすぎるよりは、早く決めて、早く実践していくことのほうがずっと大事なのです。

失敗に気づいたときに、速やかに反省し、速やかに軌道修正することも、意思決定の大切なポイントです。私が相談を受けたある会社では、長期的な課題を抱えていました。そこで私は、いままで月に1回だったPDCA「Plan（計画）、Do（実行）、Check（評価）、Action（改善）」の会議を、週に1回にする提案をしました。

週に1回だと、すぐに次の会議が来るので、実効性のあることをやらざるを得ません。次第に仕事のスピードが上がり、懸案の課題もクリアされ、社内にリズムと緊張感が出てくるようになりました。

PDCAを速く回すということは、反省と意思決定の回数がそれだけ増えるということです。反省と意思決定の回数を増やせば、良い方向に進むことが多くあります。

とにかく経営は実践です。実践を通じて、何度も反省と意思決定を行う。その即応力が「正しく決断する力」を磨くのです。

Point

早く決め、早く動けば、失敗しても次の行動を起こしやすい。

03

「世間の関心」に自分の関心を合わせる

自社内、自業界のことしか分からない社長になるな！

どんな社長も、激変する社会状況に広くアンテナを張らなければなりません。変化の波を敏感にキャッチしていないと、正しい方向づけはできません。

世の中の変化に敏感であろうとしていますか？

会社の「方向づけ」に欠かせないのが、**社会を見据える目**です。「会社」は「社会」という字の反対ですが、どんな会社でも社会の動きには勝てません。

いま、世の中はどうなっていて、これから何が求められるようになるのか。社会の変化に対応して勝ち残っていくために、自分たちはこれから何をやるのが望ましいのか。

今後のマーケティングとイノベーションの道を考えるためには、世の中の動向をしっかり見据えることが必要になります。

優れた経営者は、社会の動きに対して常にアンテナを張って変化の兆しを捉え、予測を立てるための「準備」をしています。

将来のことを考えるのが仕事である社長にとって、これは非常に重要なことです。その土台になるのが、世の中の変化をしっかり見ることです。

先見性は、関心を持って社会の変化を見続けることによって養われていくのです。

松下幸之助さんが『道をひらく』のなかで、次のようなことを言っています。

人間、普通はせいぜい15度、20度ぐらいの視野でしかものを見ていない。それを180度まで広げたら、ものすごい広がり方だ。けれども、それでもまだ物事の半面が分かるだけだ、というのです。

松下幸之助さんらしい考え方です。そう言われたら、360度見ようかと思います。

自分たちの業界のこと、仕事に関わりそうなことについては、みんな関心があると思います。日々、知識や情報の収集をしているといっても、それは全方位のうちの15度、20度程度の領域にすぎないものです。入ってくる情報は知れています。

だから、**社長は絶えず視野を広げる努力をしなければなりません。**

これからの世の中にどう対応していくべきかという予測を立てるためには、関心の幅を広げて、いろいろなことに興味を持たないといけません。

関心を広げたいなら、「新聞を読む」のが手っ取り早い

関心の幅を広げる大前提は、**「自分は何も分かっていない」と思う**ことです。それがスタート台です。素直に謙虚に、分かっていないと思うことです。

そして、関心の幅を広げる方法の一つとしては、私は**「新聞を読む」**ことをお勧めしています。そのときのコツは「1面のトップ記事から順に読む」ことです。

とくに、本文の前にリード文がついているような大きな記事は、国際面であろうが金融面であろうが、リード文だけでもいいので、とにかく読んでおく。

自分とはあまり関係のない話だと思って、いままでならスルーしていたような記事でも、リード文だけは目を通すクセをつけてください。

2、3カ月、毎日そうやって新聞を読み続けていると、**世の中で重要とされているさまざまなことに、広く関心が持てるようになってきます。「関心のフック」ができるのです。**

新聞の良さは継続性にあります。毎日少しずつでも世間の関心事を知っていくと、それぞれの出来事が、ただの「点」ではなく、「線」として、他の物事と関連づいて見え

てきます。物事が線で見えると、この先どうなっていくのかも見えてきます。また、大きく物事を捉えられるので、「線」がそのうち「面」となって読めるようになります。

さらに、新聞が良いのは、自分の関心のないこともいろいろ書かれているところです。

いまは、ニュースもネットから得る人が増えており、新聞もネットで読むという方も多いかもしれません。しかし、紙の新聞にしてもネットにしても、自分の関心があることだけを拾って読んでいたのでは、世界は広がっていきません。

大事なのは、**世の中の関心はどこにあるのかに目を向けること**です。新聞をここに説明したように読むことは、**「自分の関心を世間の関心に合わせる」訓練**なのです。

世の中の人々はいま何で困っているのか。何が求められているのか。自分の会社に関係したことなら知っているかもしれませんが、興味を持っていなかった世界のことは分かりません。しかし、そこにこれからのヒントになることがあるかもしれない。

だからこそ、社長は、自分の関心を「世間の関心」に合わせる努力が必要なのです。

Point

社長は世の中の動向に、幅広く意識を向ける。視野が広がれば、見えるもの、入ってくる情報も格段に広がる。

04

一流の社長は「気づく力」がすごい

お客さまや社会が求めていることに気づけているか？

できる社長は、例外なく「細かいことに気づける人」です。気づきの多い人は、会社を正しい方向に導ける人でもあります。

知ることは、視野を広げる第一歩

私はよく講演で、聴衆の皆さんにこんな質問をします。

「セブン‐イレブン（7-ELEVEn）のロゴが、最後の『n』だけ小文字なのに気づいていましたか？」

こう聞くと、「えっ？」と驚いた顔をされる方がほとんどです。

あるいは、こんなことも訊きます。

「今日ここへ電車で来られた方、改札口で何番の改札機を通ってきましたか？」

ほとんどの人が答えられません。

「自動改札機に番号なんてついているのですか？　知りませんでした」と言う人も少なくありません。

同じものを見ているのに、見えている人と見えていない人がいる。

これは能力の問題ではありません。**気づけているかどうかの違い**です。

そして、これらは、知ることで見えるようになります。

私の講演を聞いた帰りには、セブン－イレブンの最後の「n」にも気づき、駅の自動改札機に番号がついているのも見えるはずです。

ただ漠然と見ているだけでは見えていなかったものが、**関心を持つことによって見えるようになる。**

「気づけるようになる」とは、こういうことなのです。先の項で、大きな記事はリード文だけでもいいので読んでくださいとお願いしたのも、皆さんの関心の幅を広げるためですが、関心が持てると、今まで見えなかったものが見えるようになるのです。

物事を見る「精度」の違い

気づきが多い、少ないの違いは、物事を見るときの「精度」が違うからではないか、と私は思っています。

粗いざっくりした目の網で魚をすくえば、ある程度の大きさの魚しか獲れません。

しかし、網の目がもっと細かければ、小さな魚がいろいろすくえます。

つまり、気づきが多い人というのは、細かい目の網で世の中の情報をすくおうとしている。つまり、精度が高い。だから、同じものを見ていても、他の人より気づきやすくなるのです。この能力は、普段からの訓練で必ず向上します。

いろいろなことによく気づくということは、発見が多いということです。

「これはまずいぞ！」ということも、「これはヒントになる！」ということも、人が気づけないことでも気づけるから、危機を回避できたり、ビジネスのチャンスをつかんだりできるのです。

あなたは部下や社会の関心に気づけているか？

「もの」や「こと」だけでなく、「人」のことによく気づくかも大事です。

リーダーとしての気づきが少ない人は、人に対する心の網の目が粗いことが多々あります。心に引っかかってこないといけないことが、引っかからない。ザアザアと網の目から漏れてしまっている。

こういう上司は、部下が困っていることにも気づけません。それはつまり、**お客さま**

が困っていること、社会が求めていることにも気づけないということです。

別に、部下のご機嫌取りをして、好かれようとする必要はないのです。人の気持ち、心のひだに気づけるかどうか。そういう感性が磨かれていることが大事なのです。

最近は、パワハラ、セクハラなど、ハラスメントに対する社会認識が、昔とは大きく変わってきています。人の尊厳を傷つける行為に対して、世の中が非常に厳しくなっている。ハラスメント問題の原因は、**相手の「気持ち」への配慮が欠如していること**です。

心の網の目が粗い人は、相手の気持ちが分からず、意思の疎通に対する配慮が足りていません。字面どおりのコミュニケーションをしただけで、相手の感情の機微にまで目が向いていないのです。**コミュニケーションには「意味」と「意識」の両方の疎通が必要なのです。**

意識の大切さが分からず、相手の気持ちを慮《おもんぱか》れない人が、リーダーや社長になったところで、成功することはまれでしょう。

▼大雑把な人は経営者に向かない

知り合いのある社長さんが、「社内にゴミが落ちているとか、コピー機の蓋が開きっぱなしになっているとかに気づくのは、たいてい自分だ」と言っていました。私もそう思います。

いろいろな細かいことに気づけるかどうか。

社長が一番気づく。とくに、優秀な社長はよく気づきます。

よく気づくからこそ、社長業がやれているということもできるかもしれません。

「大雑把な人は経営者に向かない」と私はよく言っています。

豪放磊落《ごうほうらいらく》で、小さなことは気にしないような人のほうが経営者らしく見えるかもしれませんが、本当に良い経営者は、細かいことによく気づき、細やかな気遣いができるものです。細かいことに気づかない人は、社長としてダメ。

けれども、**細かいことばかり考えている人もダメ**です。重箱の隅をつつくようなことばかり言う社長に、人はついていきたくなりません。

経営者としては、細かいことに気づきながらも、マクロ視点がなければいけない。そのバランスが大事です。

アンテナは高く、腰は低く

社会に広く関心を持ち、視野を広げる。気づきを増やし、感性を研ぎ澄ましていく。

この両方をうまくやるには、謙虚さ、素直さがなくてはなりません。

「自分は何でも知っている」「自分には分かっている」と思い込んでいる人は、自分がいかに知らないことが多いか、気づけないことが多いかを、知らないのです。

「まだまだ知らないこと、分からないことがたくさんある」という謙虚さを持っているから、人はもっと視野を広げよう、気づきを増やそう、と努力できるのです。

私は**「アンテナは高く、腰は低く」**の姿勢が大事なのではないかと思っています。

いろいろなことに幅広く関心を持ち、視野を広げていくためには、アンテナを高くしなければいけない。しかし、上から目線の横柄な態度ではダメです。

素直に、謙虚に、腰を低くして教えを乞う姿勢が大切なのです。

腰が低くないと、アンテナも高くならない、私はそう思っています。

Point

心の網の目を細かくして、気づきや発見を多くすることが、優れた社長の条件。

05

アートを通じて「直観力と想像力」を磨く

「多くの人が認めるもの」への感度を高めるために

世界のエリートたちがアートの重要性を意識している現代。正しい経営感覚を磨くには、優れた芸術に触れることも重要です。

なぜ経営コンサルタントの私が「絵画鑑賞」を勧めるのか

私は絵画鑑賞が好きで、よく美術館に行きます。私の会社でロンドン、パリの美術館見学をするツアーを企画し、経営者のお客さまたちをお連れしたこともあります。

なぜ経営コンサルタントがそんなことをするのか。

優れた芸術作品に触れることは、経営感覚を磨くうえで非常に有益だというのが、私の持論だからです。

企業活動が正しく行われ、正しく成果を出しているかどうかは、ＫＰＩをはじめ、「数字」で評価することが多くなります。

数字は確かに大事なものさしではありますが、数字だけがすべてではありません。何をやるのか、やめるのかの判断をするとき、やはり経営者としての直観がものを言う部分があるわけです。

よく、骨董の目利きになるには「とにかくたくさんいいものを見ることだ」と言いますが、数をたくさん見ているうちに、見る目が養われていくわけです。

この「ものを見る目」すなわち**「観察眼」「直観力」を磨くのに、優れた芸術作品をたくさん見ることはとても有効なのです。**

▼多くの人々が美しいと思うもの、感動するものを知る

社長というのは、皆さん仕事中毒みたいなところがありますが、芸術に造詣が深く、美術館によく足を運ぶという人もいます。

またその一方で、「絵画なんて、私にはまったく分からないです」と言う方も多いのですが、芸術的に絵画の良し悪しを分かろうとする必要はないと私は思っています。

世界的に評価の高い絵に触れ、「これが世の中の多くの人が『美しい』と評価する絵なのか」と知ることが大事なのです。

正直なところ、「自分はこれ、あまり好きじゃないな」と思ってもまったく構わないわけです。自分の好き嫌いはどうであってもいい。

ただ、「社会の大方の人は、こういうものが好きだ」「こういう絵に感動するのだ」ということを理解する。そのために見るのです。もちろん、自分も感動できればそれは素晴らしいことです。

ビジネスにおいて提供するのは「お客さまに喜んでいただく商品やサービス」です。つまり、**世の中の多くの人が求めるものはどういうものなのかに関心を持つこと**は、経営者の必須スキルであり、絵画鑑賞はこの能力を高めてくれるのです。

「自分の関心を社会の関心に合わせなければいけない」と先ほど言いましたが、自分の趣味嗜好だけでものづくりをしていたら、商売になりません。

自分たちがいくらいいと思っていても、世の中のニーズを理解していなければ、社会に貢献できないわけです。

アートは未来を予測する「想像力」も磨いてくれる

絵画鑑賞をお勧めする理由には、**想像力が豊かになる**ということもあります。

例えば、シャガールの絵を見ていると、人や動物が空中を浮遊していたり、遠近法を無視した構図であったりと、一見不思議に思われる絵が多くあります。

「なぜ、この抱き合う男女は、宙に浮いて描かれているのだろう?」

素朴な疑問が湧きます。「画家は何を描こうとしていたのか」と想像してみる。

あるいは、「この2人はどういう関係で、この絵は先、どうなるのだろうか」と想像してみることもできます。

「どうしてこういう色を用いているのか」という想像もできます。

一枚の絵から、いろいろなことを想像することができます。

経営は、未来を予測して、自分たちはその未来に向けてどうアプローチしていくかですから、想像力、発想力が求められます。

想像力をかきたててくれる作品をいろいろ見ることで、感受性が研ぎ澄まされていく。

絵画に限らず、彫刻でも、工芸でも、写真でもいい。美術作品だけでなく、建築でも、舞台や演劇でもいい。人によって想像力がかきたてられるものが違うでしょうから、自分の感受性が高まると感じるものに触れる。

いわば感性に栄養を与える。経営者こそ、そういうことが必要だと思うのです。

「真・善・美」は21世紀に求められる価値観の一つ

もう一つ言うならば、**経営は、数字と論理性だけに偏ると間違える**のです。

いい例が、第1章で話したスティーブ・ジョブズのエピソードです。

ジョブズはデザイン性、美しさにこだわった。それがアップルらしさだったわけです。ジョブズが追放された後、経営をよく分かっていて数字に強い経営者は、そのアップルらしさ、美意識に価値を見出さなかったことで失敗した。そしてジョブズはアップルに返り咲いたのです。アップルもジョブスで返り咲きました。

人が「美しい」と感じる感覚は、主観的なものです。ですから数字にはあらわせない。しかし、多くの人が「これは美しい」「これがほしい」と感じるものには、分析によってはじき出される数字や論理よりも強いものがある。

文化の違いや人種といったことを超越して、多くの人に求められ、喜ばれ、愛されるのです。そこには、自分たちの「強み」があると見なすこともできます。

美意識という観点から、社会全体のコンセンサスとはこういうものだと知っておくことは経営にとって重要な要素です。

これ、実は「美」に関する価値観だけではないのです。

「真・善・美」――要するに、真か偽りかというときの「本物であること」、善か悪かというときの「善であること」、そして美か醜かというときの「美しいこと」。いずれも人間の求めるモラル、道徳や倫理的に望ましい価値観です。

そして、いま、**企業の多くが、「真・善・美」という価値観をとても重視するようになっています。**環境やガバナンス、さらには持続可能性への配慮もその表れです。

そういうものを価値判断の基準に置いている企業のほうが、健全な経営ができると考えられるようになってきているからです。

多様化の進む社会において、もはや「企業の役割は利益を追い求めること」というだけでは、正しいあり方を望めなくなっている面があるということです。

方向づけに当たって、「それは真であるか」「それは善であるか」「それは美しいか」と自問することも一つの道です。

Point

直観力や想像力を強くしたい経営者こそ、「アート」に触れよう。

06

「穴熊社長」は会社をつぶす

できる社長は「独断」で決めない

社長はすべて一人で決めなくてはいけない、と思い込んでいませんか?
しかし、正しい方向づけのためには、「独断なんてもってのほか」なのです。

▼社を出て、「人」「現場」「お客さま」を自分の目で見よ

決めること、考えることが社長の仕事だからといって、社長室に閉じこもってばかりいたのではダメです。

経営のヒントは、社長室にはありません。外にあるのです。

まずは、何よりも、お客さまを訪ねたり、現場を見たりして、いまどんなことが求められ、何が問題かを知ろうとする。あるいは、新しくできたものを見に行ったり、体験したりして、世の中の変化を実感する。

さらには、有益な知識や情報を持っている人に会い、話を聞く。優れた知見を持つ専

門家の意見を聞く。経営者仲間と定期的に会って情報交換をするなどして、知識や情報のブラッシュアップを図る。

そのなかで、正しい判断をするうえでの気づきや発見が得られるのです。


私もシアトルに行ったとき、「レジレス・コンビニ」と言われるAmazon Go（アマゾン・ゴー）ができたと聞いて、立ち寄ってみたことがありました。

スマホでアプリを入手した後、店内に入り、商品を手に取り、それを持ってゲートを出てくるだけで買い物ができる。来店者と商品をカメラとセンサーが認識し、その人のAmazonアカウントから自動でクレジット決済されるというシステムです。

当時はまだ精度の面で少々難ありでしたが、「こういうものなのか」といちはやく実体験できたのはまさに「百聞は一見に如かず」で面白かったです。

同行していた経営者の方も、興味津々で買い物をしていました。

このように、知っているのと体験するのとでは、得られるものが大違いです。

一倉定先生は、**「穴熊社長は会社をつぶす」**と言われていました。

穴熊のように、社長室にこもってばかりいる経営者への訓戒です。

外に出て、現場、お客さま、社会をよく見て、知っていなければ、正しい判断をすることはできないのです。

優れたリーダーは「独断」しない

戦後、近鉄グループを大きく育て上げ、「中興の祖」と言われた佐伯勇さんという名経営者がいました。この方が、**「独裁すれども、独断せず」**という名言を残されています。

決断に当たっては、まず社内外の多くの意見を聞く。社外の専門家だけでなく、社内の意見も聞き、周到に知恵を集めたうえで、いざ断を下すときは、自分一人で決める。**衆知を集めたうえでの決断は「独断」ではない**のです。

「見ること博《ひろ》ければ迷わず。聴くこと聡《さと》ければ惑わず」

松下幸之助さんが『道をひらく』のなかで、この古言を引きながら「衆知を集める」ことについて、こう書かれています。

「相手がどんな人であろうと、こちらに謙虚な気持ちがあるならば、思わぬ知恵が与えられる。つまり一人の知恵が二人の知恵になるのである。二人が三人、三人が四人。多ければ多いほどいい。衆知を集めるとは、こんな姿をいうのである」

決めるまでは、いろいろな人から知恵を集めることがとても大事なのです。

社員から忌憚《きたん》なく意見を出してもらうためには、**社員が役職に関係なく、自由にものを言える雰囲気を普段からつくっておく**ことです。

いつも偉そうにしていて、「俺の言ったことは絶対だ」なんて思っている、意に沿わない意見を聞くと不機嫌になる、こんな社長には誰も意見など言いたくなりません。権威的な社長ほど、周囲が反対意見を言わなくなるので、間違うのです。

普段から、考えていることを周りに話し、「いま、こんなことを考えているんだけど、どう思う?」と訊いてみるなどして、フランクに話しやすい環境をつくっておかないといけません。

取り巻きの役員、社員たちが、「それはいいですね、さすが社長!」とおべんちゃらを言っているような組織はダメです。

また、なまじ何か言ったら、自分がやらされることになるから言わないでおこうと、社員が縮こまってしまうような組織もダメです。

部下に意見を求めても、具体的な意見が出てこない場合、社長自身の態度や社内の雰囲気に何か原因があると考え、反省したほうがいいです。

謙虚な気持ちがないと、衆知は集まりません。

ただし、衆知を集めるということは、なんでも人の意見を受け入れるということではありません。自身の正しい信念で判断するのです。そのためには、**正しい考え方や原理原則**をいつも勉強している必要があります（94ページ参照）。

そして、「独裁」です。決めたことはきちんとやらせる。「独裁」というとワンマン社長のようであまりイメージは良くありませんが、決めたことをとことんやりきるためには、独裁のできるリーダーが必要です。決めたら、自分の責任のもと、四の五の言わさず全力でやる、やらせる。

そこで部下にきちんとやらせられない人は、腰くだけ。本当の優れたリーダーではないのです。

「納得感」を持って組織を動かす

一人の知恵には限りがあります。

会社経営の場合、独断専行による失敗をすれば、多くの人に迷惑をかけてしまいます。もちろん自分も何もかも失うことになるかもしれない。

決断するまでには、できるだけいろいろな意見に耳を傾けなければいけない。

議論をきちんとする、ということがとても大切です。

ガバナンスの本質とは、「会社の存続のために、議論されるべきことがきちんと議論されているかどうか」だと言いました。

決める前に、きちんと議論がなされない組織は、将来が危ういのです。

どんな判断も、実行前はすべて「仮説」です。どれだけ情報収集し、分析・研究した結果であれ、それはやっぱり仮説でしかないわけです。

社長が「絶対いけるぞ」と確信を持っていたとしても、一つの仮説にすぎない。

その仮説に、やる前から「ハズレ要素」があるのであれば、それをきちんと指摘し、検討し直さないというのは、会社に対して不誠実な姿勢なのです。「社長が言っているから」ではなく、**みんなが納得して前に進むことが大事**なのです。

議論を重ねないと納得できないというのが、組織の正しい姿です。それもスピード感を持ってです。それをどこかで怠ると、道を誤るのです。

Point

社長は「穴熊」にならず、衆知を集めるべし。そして決めたことはきちっとやらせること。

07

できない理由より「やる方法」を考えよ

社長の仕事は「思考力」と「実行力」の両輪である

いろいろと考えているだけでは、社長の仕事は務まりません。よく考えたうえで、それを実行に移す力も必要です。

会社をつぶす「3バカ社長」になるな！

前項で「穴熊社長は会社をつぶす」という話をしましたが、一倉定先生は、他にも2つ「会社をつぶす社長」として名文句を言っています。

まず**「評論家社長は会社をつぶす」**。

会社のことをまるで評論家のように論評してばかりで、先頭に立って具体的なことをやろうとしない社長のことです。

事を成すか成さないかは、本気で先頭に立ってやろうとするかどうかです。

評論するのは簡単。とくに、否定的な評論をするのは簡単ですが、**社長として重要な**

のは、「実践で結果を出す」こと。「評論より行動」です。

何をやるかやらないかを決めたら、すぐに具体的な計画に落とし込み、実行します。実行したら、結果を検証し、改善策や推進策を練り、再び実行する。このサイクルを繰り返し、指揮を取るのが社長の仕事です。

「思考力」と「実行力」、この両方が必要なことは言うまでもありません。

では、もう1つの「会社をつぶす社長」とは何でしょう?

答えは**「アイデア社長は会社をつぶす」**です。

その場の思いつきで、「これやろう」「あれやろう」とアイデアを出す。会議のときに一人でベラベラ語り、会議を独演会にしている社長がよくいます。意見やアイデアを出すのは自分しかいないと勘違いしている。

しかし、部下はアイデアがないわけではなく、ただ発言しないだけなのです。

変わったアイデアを出すのが経営だと思っている人もいますが、大きな勘違いです。

できる社長は、みんなにできるだけ話をさせるような雰囲気をつくります。自分の仮説を持っていても、先にそれを言ってしまったら、みんなから率直な意見が出なくなることをよく分かっています。

最悪のケースは、社長の出したアイデアに誰も反対できず、検証もされずに実行に移され、うまくいかない。

でも、社長にダメ出しできる人がおらず、適当に実行され失敗の傷が深くなる。

それを見た社長が「なんでこんなことやっているんだ!」と怒る。

自分が出したアイデアであることすら、もはや忘れているのです。

まるで冗談話のようですが、現実に同じことが起きている会社は数多くあります。

できない理由より「やる方法」を考える

私の会社の行動規範の一つに、**「できない理由よりやる方法」**というものがあります。

「無理だ」「できっこない」と初めから決めつけ、できない理由をあれこれ言わない。

どうすればできるのか、「やる」という前提に立って、やる方法に知恵を絞るのです。

これは、何でもかんでもやろうとするわけではありません。

何をやるか、やめるか、やるべきことを絞り込み、やると決めたことは全力でやる。

この話はすでにしましたね。

本当に自分たちがやるべきこと、自分たちがやらなくてもいいこと、そこをはっきり共有できているから、「やろうか、どうしようか」と中途半端に迷うことなく、やると決めたことは「やる方法」を探すことに全力を出せるのです。

とどのつまり、**社長に必要なのは思考力と実行力です。**

成功している社長はマメで、よく気づき、よく動きます。

常に考えている、行動している。横着じゃないのです。

社長が考えなくなると、組織は停滞します。

停滞すると、実行力が落ち、組織力はますます衰退します。

まずは社長自ら、よく考え、よく行動し、社員の模範となってください。

Point

会社をつぶす3バカ社長（穴熊、評論家、アイデア）になってはいけない。考える力と行動する力を、社長自ら身につけるべし。

08

新規事業は「撤退基準」を決めておく

チャレンジングな課題に対する社長の心構えとは？

新しいことに挑んだが、軌道に乗らず撤退すべきか迷うとき。そんなシビアな判断に迫られたときのヒントをお伝えします。

チャレンジは重要、しかしリスクを検討せよ

会社にとって、新規事業の起ち上げは重要な課題です。現在の事業が必ずしも将来を保障するものではないからです。ただし、新規事業の投資などの新しいチャレンジが、会社の屋台骨を揺るがすことになっては元も子もありません。費用やキャッシュフローを十分に検討してから行うことが重要です。

私は経営者によく**「小さなリスクは恐れるな。しかし、大きなリスクは取るな」**とアドバイスしています。リスクは、会社の規模や財務内容によって異なります。売上高が

1000億円単位の企業なら、数億円は小さなリスクですが、売上高数億円の企業にとっては、1000万円でも大きなリスクとなり得ます。無理をしてはいけない。背伸びをせず、自社のリスク分析をしっかり行うことです。

一倉定先生は新規事業について、こう言っていました。

「新規事業は社長直属でやれ」

新規事業は、誰かに任せて始めることも多いのですが、社長が責任を持つかたちでやる、任せっぱなしにしてはダメだという意味です。

社長の経営経験から、報告を受け、適宜アドバイスをする。また、社長自身が相談に乗れないことであれば、誰に相談するといいといった道筋をつけ、サポート体制を整えてやるべきです。そして最終的な責任はもちろん社長が取る。

あらかじめ撤退基準を決めておく

「もう少しだけ続けさせてください。あと一息でうまくいきそうなんです」

一度やると決めた新規事業がなかなかうまくいかず、現場から泣きが入って、資金の追加を要請するようなことはよくありがちです。当社でもそういうことがありました。

やっている人は、当然のことながら愛着があるわけです。途中でやめるのは、自分たちのそこまでの頑張りが否定されるのと一緒ですから、「もうちょっと続けさせてほしい」と言うに決まっています。

社長自身も、自分でコミットしていれば面子もあるから、やめられない。そこで、ズルズル続けてしまうことになります。

しかし、これは良くない現象です。社長も担当者も、情だけで新規事業を進めてしまい、泥沼にはまることもあり得ます。

このような事態を防ぐためには、最初から、「お金をつぎ込むのはここまで。そこまでに軌道に乗らなかったら手を引く」と、**撤退基準を決めておく**ことです。

いくらまで投入すると決めて、そこまできたら、まだ可能性があると思ってもやめる。損失を増やさないためには、やめる決断をすることは必要です。

本当に可能性があるなら、場合によっては他社に事業を売却するという手もあります。高くは売れないでしょうが、自社でやり続けて傷を深くするよりはいい。

ドライすぎると言われそうですが、**新規事業というのは、そのくらい難しいものだと覚悟していないといけません。**現実はそんなに甘くはありません。

その新規参入に「志」はあるか？

ビジネスですから稼ぐことは大事ですが、それが**自社の志、ミッションに合致しており、かつ強みを活かせる事業領域かどうか**をきちんと考えるべきです。なぜなら、その会社の本来のミッションやビジョンに合っていないと、結局長続きしないからです。

２０００年に介護保険ができたとき、在宅介護事業に多くの会社が参入しました。しかし、志があったわけではなく、単に市場があって、これから拡大しそうだという目論見で参入したところは、まったくと言っていいほど生き残っていません。環境ビジネスも同じです。太陽光発電など、新規参入がとても多かったですが、軒並み撤退しています。

その新規事業は、自社のミッション（使命）に合致し、強みを活かせて、商品やサービス、あるいはやり方を提供できるか？　結局、それが決め手となります。単に金もうけができそうだという発想では、失敗します。

Point

新規事業は、社長の直属のもと、サポート体制を整えて始める。撤退の線引きを明確にし、情にほだされてはいけない。

09

先人の歴史から「普遍的思想」を学べ

人生と経営の軸となる「座右の書」のすすめ

進むべき道に悩んだとき、よりどころとなる考え方があれば、ブレることなく物事を判断できるようになります。

人は揺れてもいい。ただし、「正しい思想や哲学」を心に持て

どの方向に進むべきか、なかなか答えが出ない……。

判断に悩んだときは、「この会社の原点は何か」をいま一度考えてみてください。

そもそもの志、存在意義、目的を思い出し、原点に立ち返る。「いま向かおうとしている道は、会社のミッション、ビジョンに合っているか？」と考えるのです。

そして、人間としての生き方の原理原則も大切です。

第1章で、私の人生の師として、藤本幸邦先生のお名前を挙げました。

その老師が、二人でタクシーに乗っているときに「振り子の原点」という話をしてく

ださったことがあります。

「人というものは揺れるものだ。揺れない人は面白くない。だが、振り子は揺れるときに必ず原点を持っている」

人は、揺れてもいいのです。しっかりとした「考え方の原点」を持っていれば、揺れても結局は落ち着くべきところに考えが落ち着くのです。

自分のものの考え方の軸、ベースとして、正しい思想や哲学を持っていれば、根本の価値観がブレてしまうことはない。判断に、整合性、一貫性が保たれ、大きな間違いをしでかすことはないのです。判断に迷うとき、これほど心強いものはありません。

では、正しい思想や哲学とは何なのか。

それは、**長い歴史のなかで、多くの人々が正しいと支持してきたものの考え方**です。

仏教、儒教、老荘思想、あるいはキリスト教、古代ギリシア哲学……時代を越え、文化の壁を越え、多くの人が「正しいものの考え方」として親しみ、学んできたもの。

そういう普遍的なものの考え方を自分のものとし、心の基軸とするのです。

本当に成功する経営者は皆、普遍的な価値観を持っている

自分を支えるベースとなる思想をどう身につけるか。

まずは、**長い間多くの人が良いという本を読む**ことです。それも何度も読む。それにより、普遍的な考え方を身につける。そして、それを実践することです。

例えば、渋沢栄一がものの考え方の原点にしようと思ったのは『論語』でした。『論語』の教えを人生のバイブルとすると決めたのです。そして、それをビジネスの場でも実践しました。

松下幸之助さんは、一時期、お坊さんと一緒に暮らしていたことがありました。仏教的感覚もさることながら、神道の考え方にもなじんでおられたようです。

京セラの名誉会長、稲盛和夫さんは、かつて、職を離れて得度され、臨済宗のお寺で仏教修行されています。若いころから仏教思想に心惹かれていたといいます。

このように、**成功する経営者は皆、普遍的な価値観をしっかり身につけています。**

普遍的思想をまずしっかり学ぶ。そこから自分の人生哲学ができていくのです。

稲盛さんが経営哲学を教えていた盛和塾は、2019年の解散時には会員数が約1万5000人になっていました。中国でもっとも熱心な参加者の一人だったのが、アリババの創業者、ジャック・マー氏だったのは有名な話です。

経営にはテクニック、スキルも必要です。

しかし、**それ以前に、人間としての生き方のベースを持たないといけません。**

松下幸之助さんの『道をひらく』や、稲盛和夫さんの『生き方』という本がなぜロングセラーになっているのか。その理由は、普遍的な思想を学び、経営者としてそれを実践し、成功されてきた、その生き方の哲学が分かりやすく詰まっているからです。論語などの古典が難しい人は、松下さんや稲盛さんの本を勉強するといいでしょう。

渋沢栄一しかり、松下さんや稲盛さんしかり、優れた経営者が尊敬されているのは、その人が成し遂げた功績だけでなく、人間として尊敬されるだけの資質を兼ね備えているからです。その原点には、「正しいものの考え方」があるのです。

骨太な思想を学ぶには「この3冊」がいい

「とはいえ、どんな本を最初に手に取ればいいか分からない……」

そんな人に私がお薦めしたいのはこの3冊です。

1. 『論語の活学──人間学講話』（安岡正篤　プレジデント社）
2. 『論語と算盤』（渋沢栄一　角川ソフィア文庫）
3. 『修身教授録』（森信三　致知出版社）

私は銀行員をしていた20代のころ、上司との人間関係で悩んだことがきっかけで、儒教や仏教などの本を読むようになりました。

儒教を学ぶきっかけになったのは、安岡正篤先生の『論語の活学──人間学講話』でした。いろいろな人が解説している『論語』の本を読みましたが、安岡先生の本は深さが違います。ロングセラーで、最近は新装版が出ています。

『論語』の教えとビジネスが合うのかという疑問に、自分自身で答えを出したと言いきっているのが、渋沢栄一の『論語と算盤』です。「論語」と銘打たれていますが、『孟子』や『易経』などからも幅広く知恵を引いています。談話をまとめたものですが、漢語表現がとっつきにくいという方は、現代文に読み下した本もいろいろ出ています。

森信三先生の『修身教授録』は、師範学校で教職に就く人のために人間本来の生き方を講義した本で、これもロングセラーです。こういう生き方をすることが人間として正しいのだ、と指し示してくれている本です。

まずはこの3冊を読んでください。ものの考え方の土台がしっかりすると思います。

「松下幸之助さんのように考えられるようになりたい」

私が人生の師である藤本老師と出会ったのは、35歳のとき、ある会社のパーティーでした。それ以後、生きていくうえで根源的な教えをたくさんいただきました。

なぜ私を可愛がってくださったのか。考えられるのは、若いころから儒教や仏教のことを多少なりとも勉強していたということ、そして、もっともっと学びたいという気持ちが強くあったこと、この2つのおかげだと思っています。

藤本老師は、生きた心の師匠でしたが、私が本を通じて師と仰いでいたのは松下幸之助さんとドラッカーです。

経営コンサルタントとして独立する際、松下幸之助さんの本、ドラッカーの本を徹底的に読み、尊敬する2人の思考パターンを身につけたいと考えていました。

いまも松下幸之助さんの『道をひらく』を読み続けています。**もう140回以上は繰り返し読んでいるのですが、いくら読んでも十分だという境地には行きつけません。**常に「自分はまだまだだなあ」と痛感しています。

謙虚な気持ちを失わないため、これは私にとって、とてもいい薬。有難い存在です。

Point

生き方と経営のベースとなる思想、哲学を持つこと。これは成功への大切な一歩です。

10

コロナ後の経営はこう変わる！

ウィズ・コロナ時代に社長が見据えるべき未来とは？

新型コロナウイルスの感染拡大は職場にも大きな影響をもたらしました。先の見えないなか、経営者はどんな未来を見据えるべきなのでしょうか？

未来が早くやってきた

新型コロナウイルスの感染拡大をきっかけに、「働き方」に大きな変化が起きました。一気に進んだのが、**テレワーク、リモートワーク**です。新型コロナウイルスの感染拡大の懸念が出てきたときに、いちはやく社員の出社を取りやめ、テレワークに移行すると発表した企業がありました。そうした企業は、新型コロナウイルスの感染拡大前から、「準備」ができていたのだと思います。

BCP（Business Continuity Plan：事業継続計画）を策定し、不測の事態が発生したときの緊急対応が組まれていたから、すぐにプランの実践に入れた。第1章で「チャンスを活かすのは準備だ」と言いましたが、思わぬ事態にも「準備」がものを言うのです。

それに対して、いつ国や自治体は自粛規制を出すのか様子見をしながら、あわててテレワークに切り替えるといった企業は、現場の混乱が大きかったと思います。

いずれにしても、この流れは、ウイルスが終息した後も常態化する、つまりテレワークは定着していくと考えられます。「働き方改革」でテレワークを推奨しましたが、ゆっくりとしか進みませんでした。しかし、今回のコロナ禍で一気にそれが加速しました。未来が早くやってきたのです。

もう、逆戻りはできないでしょう。今後も、**テレワークが当たり前となり、それを前提として、経営を考えなければならない**、ということです。

テレワークが職場にもたらす「3つの変化」

テレワークを導入するメリットの一つに、通勤が要らなくなることが挙げられます。

出勤しなくても仕事は回るとなると、何が起きるか。

例えば、コストをかけて広いオフィスを確保する必要がなくなる。

とくに東京はオフィスの家賃が高い。東京に大きなオフィスを構えておく必要がないことに気づいて、オフィスを縮小したり、本社を地方に移したりするところも出てくるでしょう。

また、支店や営業所の維持のために転勤、単身赴任などをする必要があるのかということで、見直しを図りはじめている企業もあります。

一方、経営側からすると、テレワークではそれぞれが何をやっているか分かりにくくなります。管理や人事評価が難しい。

そうすると、結局、成果を見るしかないわけです。成果を出しているかどうか。その人の力量がはっきり分かる。結果を出せない人は厳しくなります。

ある一部上場会社の役員の方が、こんなことをおっしゃっていました。

「本社部門にはもともと500人いたのですが、実質的には50人で回せる。そのことが今回の件で分かったんですよ」

オフィスが要らなくなるどころか、人も要らなくなるのです。

テレワークの先に待っているのは、オフィスの削減、成果主義、人員削減です。経営者はここまで見据えて、「わが社はどうすべきなのか」を予測しなくてはいけません。

「社員の帰属意識」を保つ工夫が必要

テレワークという勤務の分散化が進むことで、**「副業」も増えていく**と考えられます。

人件費削減という視点から、「副業も認めよう」と考える会社も多いと思います。

製造業の場合など、会社の設備や装置がないとできない仕事の場合は、本業と副業の線引きがはっきりできますから、ますます進むことでしょう。

ただ、われわれのようなコンサルタント業のように、会社の所有する設備を使う必要がなく、個々の持つノウハウで行っている職種は、本業と副業の境が非常に分けにくいわけです。そういう場合には、なかなか副業を認めるのは難しいでしょう。

いずれにしても、テレワークや副業が進むことで私が危惧しているのは、**社員の帰属意識の問題**です。

毎日、同じ場所で同じ空気を吸って働きながら、仕事の苦労や喜びを共有していることが、組織への帰属意識につながっていたことは確かだと思うのです。

いくらオンライン会議で毎日やりとりができていても、同じ空気を共有している感覚は持ちにくい。さらに副業をやるようになると、それぞれの持つ仕事に対する目的や意義も変わってきて当然です。

帰属意識が薄れると、仕事が単にお金を稼ぐ道具になってしまう可能性があります。

また会社も、売上、利益を上げるための手段としか社員を見なくなる恐れがある。

「会社の目的を金もうけに置いてはいけない」と第1章でも言いましたが、お金を稼ぐためにだけつながっている関係になってしまうのは、やはり良くないのです。

「働く人を活かして、幸せにする」という意味で、帰属意識をどうやって共有し続けるか。そこまで考えたうえで、「副業を認める」という判断をするのか、しないのか。ことは単純ではありません。

どんな変化があっても「働く人の幸せ」を考える視点を忘れない

コロナ以外にも、未来を予測しなければいけないことは数多くあります。

その一つに必ず挙げられるのが、**人口減少、人手不足の問題**です。人口減少社会になっていき、人手不足が進むことは間違いないと言われていました。

それを支えるのが、ＡＩやロボット化。「自動化」だと考えられてきたわけです。

私が役員をしている自動車部品メーカーのアメリカの工場では、完全自動化ラインが走っています。人が関わるのは、原材料の投入と運び出しだけ。それ以外はロボットがやりますから、ラインに完全に人がいません。ラインの監視業務以外、人が要らないのです。

すでにコンビニやスーパーのレジのセルフ化はどんどん進んでいます。いずれは、タクシーも自動運転になるでしょう。運転手が必要ない、配車係もＡＩでできる。

ＡＩやロボットは、供給に限界がありません。24時間タフに働かせても、賃上げ要求もストライキもしない。ですから、資本家を潤わせることができる一方、機械にとって代わられた多くの人間は、仕事を失います。

格差はさらに大きくなり、二極化が進むことが予想されます。

AIとロボットの導入は「産業革命」でもあります。蒸気機関の発明以来、さまざまなテクノロジー発展によって、人類は幾度かの産業革命を経てきました。それは生産性の向上であると同時に、労働環境問題や賃金闘争といった「働く人の幸せ」を考える歩みでもあったわけです。そういう状況において、**会社が働く人に与えられる幸せは、①働く幸せと、②経済的幸せ**です。その幸せをハイテク化の中でもどう与えるかを経営者は考えなければなりません。

AI、ロボット、大いにけっこうです。それにより、経営者は効率化とコストの削減を考えなくてはいけない。しかし、それによって、働く人の幸せがどうなっていくのかという視点は、失ってはいけないと思います。

Point

経営者は来るべき未来を見据えつつ、「働く人の幸せ」も忘れてはならない。

第3章

自社の強みを生かす「資源の最適配分」

01

短所はカバーし、「長所」を活かせ

伸びる会社は人やモノの長所を活かし、強みをつくる

会社の限りある資源を活かすには、「長所」に目を向けてください。他社に負けない自社の強みは、長所を伸ばすところから生まれます。

資源の最適配分の要点は、「長所を活かす」「公私混同を避ける」

本章では、経営者がやるべき3つの仕事――「1. 方向づけ　2. 資源の最適配分　3. 人を動かす」の2番目、「資源の最適配分」について、お話しします。

まず企業における「資源」とは何か。

おもには**「ヒト」「モノ」「カネ」の3つ**です。あるいは**「時間」**も大切な資源です。これら会社の資源をいかに最適に配分して生産性を上げ、成果を出すかを考える。これも社長の重要な仕事です。

「資源の最適配分」のために、社長として心得ておくべきことは、次の2つです。

1．長所を活かす、強みを活かす
2．公私混同しない、私利私欲で会社を動かさない

どちらも、「そんなの当たり前じゃないか」と思われるかもしれません。

しかし、その当たり前に思えることが、意外とできないものなのです。

伸びる組織のトップは、どうやって長所を伸ばしているか？

まずは、「長所を活かす、強みを活かす」ことについて。

「長所を活かす、強みを活かす」ことは、**人やモノ、それぞれの「良い」面を見て、そこをいかにうまく活用するか**、ということです。もちろんカネ（財務力）のある会社はそれも活かすのです。

例えば、野球でもサッカーでも、監督が代わったらチームのパフォーマンスが良くなった、ということがあります。個々の選手がもともと持っていた長所を引き出すことに成功した指導者の力が大きいわけです。

ダメなリーダーは、「短所をなくそう」と考えがちです。

しかし、マイナス要素がプラス要素にまで一転するということはまずないのです。大体、マイナスは消えてもゼロになるくらい。

短所がなくなっても、長所が増えるわけではありません。

せいぜい「並みの人」ができるだけです。「普通」です。

例えば、営業成績のとてもいい社員がいるとします。顧客受けがよく、常に成績がバツグンにいい。ただし、事務作業が得意でなくて、報告書類にいつも何かミスがある。

同僚も、やっかみなどから、それを上司などに報告する。凡庸なリーダーは、そのミスを叱るのです。「なんでこんなことができないんだ」「こういうところがなければ、ものすごく優秀なのに」と言う。要するに、自分たちにとって都合の良くない部分を矯正させるために、時間や労力というエネルギーを使わせるのです。

しかし、お客さまとうまく接遇して売り上げる能力と、不備なく書類が作成できる能力は、別物です。そこを切り離して考えればいい。

苦手な書類作成を無理やりやらせるよりは、その社員には書類作成の得意な人をサポートとしてつける。短所をカバーするのです。

これが、伸びる組織、人を活かせる上司の考え方です。組織はチームです。一人でやっているわけではないからこそ、そうやってカバーできます。

短所を直してもせいぜい「普通」になるだけですが、個々人の長所を伸ばすことで全体のパフォーマンスは上がります。社員も生き生きと働けます。そうやって「強み」になるところをいろいろ伸ばせると、どんどん強い組織になっていきます。

並みのことが並みにできる会社をつくっても、誰も評価してくれません。

だから、個人で評価に値する長所を、どう伸ばすか。会社全体でどういう長所を伸ばすか。そこに目を向けないといけない。**自社の持ち味は長所を活かす工夫から生まれる**のです。

これは、働く人に関してだけではありません。他社にない設備を持っているなら、それを活かす仕事を受注しなければ活かしようがありません。財務力のある会社は、それを活かし、優秀な人の採用や他社と差別化できる投資を行う。

それができれば、パフォーマンスは上がります。これが、「資源の最適配分」の第一のポイントなのです。なお、長所の具体的な活かし方は、第4章で詳しくご紹介します。

Point

長所を伸ばせば、自社の強みが生まれる。

02

差別化は「QPS」で考える

競合他社に負けない「差別化戦略」の描き方

「自社の強み」を漠然としか認識していない社長は、案外多くいます。
ここでは、自社の強みを分析するシンプルな手法をご紹介します。

自社の強みを自覚できていますか？

私のお客さまのなかに、日本に数台しかない4000tプレス機を持っている会社があります。

4000tと聞いてもピンとこないかもしれませんが、これは車のボンネットのような大きな金属でも一発でぶち抜くことができるほどの性能です。ライバル企業からすると、ちょっとやそっとのことでは太刀打ちできない、ものすごい「強み」です。

しかし、そんなすごい設備があるのに、1000tクラスのプレス機でもできる、小さな部品の加工ばかりを請け負っていたとしたら、どうでしょう？

これでは、せっかくの強みが活かせていない、ということになります。したがって、4000tのプレス機でなければできない仕事を、たくさん受けるほうがいいわけです。そう考えると、どういうところにどんな営業をかければいいのかもはっきりします。

自社が他社と違うと自信を持ってアピールできる点は、どこか。それが会社の強みです。

これは、「方向づけ」とも深く関係します。企業経営の根本である、マーケティングを行い、イノベーションしていくのです。

つまり、強みの確認は、企業活動の源泉ともいえます。

強みは、お客さま目線の「QPS」で考える

マーケティングで自社の強みは何なのかを把握する際、私は商品やサービスの内容を、次の3つの基準から考えることをお勧めしています。

1. クオリティ（Quality：品質）
2. プライス（Price：価格）
3. サービス（Service：サービス、その他）

私はこれを、3つの頭文字をとって「QPS」と呼んでいます。これは、お客さまが自社を選ぶか、ライバル他社を選ぶかのポイントを分解したものです。

クオリティが高いほうがいいのは当たり前ですが、そのクオリティを維持するためにプライスがとても高かったら、選ばないお客さまもいます。「そこまでのクオリティを求めていない、もう少し安いほうがいい」と考える方も当然いるわけです。

逆に、「このクオリティだから高くてもほしい」と考えるお客さまもいます。

価値観の違いですから、どっちが良い悪いではないわけです。

ここでいうサービスとは、**「お金をいただかないものすべて」**です。コンサルティングや機械のメンテナンスサービスのように、サービスでお金をいただくものはQになります。一方、コンビニエンスストアの場合、近いところで買うことが多いと思いますが、「近い」ことそのものにお金を払っている人はいません。

このように、人がモノを買うときには、お金を支払って得るクオリティとその価格だけでなく、お金を支払わない「その他」の要素があるのです。それをここでは「サービス」と呼んでいます。「その他」のSだと思ってもらえばいいです。**お客さまは、このQPSの組み合わせで、相対的に良い会社やお店を選んでいるのです。**

お客さまがどういうQPSの組み合わせを求めているか。お客さまのほしいものを見つけ出して、QPSに落とし込めるか。

自分たちはどこでどう戦うのか、戦い方をきちんと考えることができているのか。

それらを把握するためには、自社の商品やサービスは市場でどう評価されているかを知ることと同時に、競合他社はどういうQPSを提供をしているのかを具体的に知らなければなりません。

その上で、QPSでどう差別化していくかを明確にし、それを具体的に、商品やサービスに落とし込んでいくのです。

状況に応じて自社の強みを徹底的に考え抜く

コロナ禍のなか、危機的状況下においては、社長の発想力、行動力が会社の強みとして発揮されるものだなあ、と実感することがいろいろありました。

というのも、自粛になってどこの会社も身動きが取れなくなったとき、**「こんなときだからこそ自分たちに何ができるのか」「人は何を求めているのか」を考え、さっと行動できる社長さんたちがいたのです。**

当社のお客さまでイベントに遊具などの資材を供給する会社の社長は、コロナで予定されていた仕事の多くがキャンセルになりました。すると、すぐに中国からマスクの輸入を始めたのです。

市場にまったくマスクが出回っていなかった時期のことです。とにかくお客さまのために何かしたいと、ほとんど利益を取らずに販売しはじめたのです。

これまでマスクとは何の関係もなかった会社なのですが、イベント資材の調達の関係で中国とのパイプがあったので、いちはやく動いた。

この会社の強みは、自社のつながりを活かして、臨機応変に、すばやくアイデアを実行に移せるところです。お金もうけのためではなく、日ごろお世話になっているところに何か提供できないか、という発想から、実際にマスクの輸入まで行いました。自粛などが落ち着いたころに、関係先が再びどこの会社と取引したいと思うかは、明らかです（この会社のその後の展開については２４６ページで説明します）。

もう一つ、これは地方のホテルと野菜農家の話です。

営業自粛で社員の仕事がなくなってしまったホテルが、同じ地元にある野菜農家の収穫のために社員を派遣したという話を聞いたのです。

普段は、海外から農業技術の実習生としてやってくる人たちの労働力に支えられていた農家ですが、彼らが入国できなくなってしまったので、人手が足りなくて困っていたわけです。これも、お互いの困りごとを解決しようというところから発想したのだと思います。

とにかく、自分たちが置かれている状況に合わせて、自社が強みを活かしてやれることは何かを徹底的に考えることです。「つながりを活かす」ことも、もちろん、自分たちの強みとなり得ます。

ただ、コロナ禍で、そんなことに気づいた企業もたくさんあると思いますが、実行に移さなければダメです。アイデアだけでは何も変わりません。

だからこそ、経営者は、常日頃から社内外のいろいろなことに目を配り、自社の強みやできることを考え、そしてそれを実行に移さなければならないのです。

Point

社長は自社の強みは何か、常日頃から考え、行動に移す必要がある。

03

いつも「For the company」を最優先する

トップの「公私混同」が、会社を頭から腐らせる

社長の「私利私欲」は組織を瓦解させる根源です。公私のけじめある姿勢は「資源の最適配分」の土台なのです。

▼社長が陥る「これくらいは……」の落とし穴

「資源の最適配分」のために、社長として心得ておくべきことの2つめは、**「公私混同しない、私利私欲で会社を動かさない」**ことです。

会社がうまくいかなくなる原因はいろいろありますが、社長が「私利私欲」をはさまず、**「For the company：会社のために」**を常に最優先する意識を持つことも大切です。そして、そのほうが結果として利益が出ます。お客さまや社員もそんな会社のほうが好きだからです。

これは、どんな大企業でも零細企業でも、オーナー社長でもサラリーマン社長でも同

じです。

多くの企業の目的（存在意義）は、自社の商品やサービスを通じての社会貢献にあります。自社の商品やサービスでお客さまに喜んでもらいたい。そういう志のもと、経営者は「これは会社のためになることか」を一番に考えていなければなりません。

ところが、私を含めて人間というのは弱いもので、どうしても自分のことを先に考えてしまいがちです。「社会に貢献する」「会社のため」「お客さま第一」と常々言っていても、そのために頑張っている自分自身が損をしたくない、という気持ちがあります。

そうすると、「私利私欲」――自分の欲や感情が頭をもたげてくる。「これくらいは役得として許されるのではないか」という気持ちが湧いてくる。そのうちに「これくらい」の基準がどんどんルーズになっていくのです。

権限を持っていますから、やろうと思えばいくらでも自分勝手にできてしまう。**私利私欲があると、会社のお金やものを「私する」だけでなく、権力を自分の利益のために行使するようになります。**やがて、自分にとって都合のいいことや人事を優先させるようになる。

「会社のために」という大前提の前に、「自分」の欲や感情が出る。いつしか、「For the

company」ではなく、「For myself」になってしまう。こうなると完全に公私混同です。

部下が同じことをやっても許せるか？

経営者が「自分のために」を優先する姿勢は、すぐに分かるものです。社員はそんな経営者のもとで自分たちが幸せになれるとは思えません。いくら業績が良くても、口では格好いいことを言っていても、「自分が利益を得たいだけだろう」としか思えなくなる。

さらに、「社長だってやっているのだから」と思えば、社員の気持ちも歯止めが利かなくなり、組織の秩序、モラルもガタガタと崩れていく。

社長の公私混同、私利私欲は、組織を弱体化させる大きな要因なのです。

「私利私欲」「公私混同」を、社長自身がいかに止められるか、厳しく自らを律する気持ちが、とても重要です。

私は、リーダーが自分自身を省みる鏡として**「部下が同じことをやっても許せるか」**というものさしを持つことを勧めています。

自分のやっていることを部下がやっても許せるなら大丈夫ですが、そうでないなら、それはやめるべきことです。

部下が、会社のお金で車を買ったり、家を買ったりするのを、許せるのか。

自分の個人的な好き嫌いで部下を評価しているのを知ったら、許せるのか。

仕事をサボってゴルフに行くのを、許せるのか。

部下にそれを許さないのなら、自分もやるべきではありません。

社長というのは、会社のために何が一番いいのかをずっと考え続けていないといけない立場です。


「For the company」でやっているか、「For myself」になっていないか。

これは、公正に、必要なところに必要なものを配分する組織であるための、基本中の基本です。

「動機善なりや、私心なかりしか」

会社を大きく育て上げただけでなく、人を率いていくトップとして尊敬されている経営者は皆、「公私のけじめ」の大切さ、自らを厳しく律することの必要性を切々と説いています。

つまり、私利私欲に流されてしまう気持ちというものは、それだけ人が陥りやすい落とし穴であるということなのです。

『論語』を考え方の範としていた渋沢栄一も、私利私欲に走ることを強くいさめています。

松下幸之助さんは、成功する経営者と失敗する経営者とを分けるものは、判断に「私心」が入るかどうかの違いである、ということを、次のように言っています。

「ちょっと自分の私心が入ると、非常に差が出てきます。（中略）一国の首相となる人はまったくの私心のない人やないと、ほんとうにうまくいきません。会社の社長でも、私心があったらあきません。」

社長とは、会社という公器を率いていく立場、公の立場に立って物事を進めていかなくてはいけない存在です。だからこそ、私的な欲望に打ち克つことのできる経営者が成功する。そこに私心をまじえてはいけないのです。

「動機善なりや、私心なかりしか」

これは、京セラ名誉会長の稲盛和夫さんの言葉です。

「経営者にはひとかけらでも『私』があってはならない」とも言われています。

少しでも私心が入れば、判断は曇り、間違った方向へ進んでしまいます。

動機は善であるか、私心はないか。

これは「善である」と自信を持って言いきれることなのか。

「私心」「私利私欲」といったものが入り込んでいないか。

常に肝に銘じていなければいけないのです。そして、それを貫いた経営者のほうが成功しているということも歴然たる事実です。そのほうが、結果としてうまくいくのです。

私利私欲に走らない、公私混同しないことは、「リーダーの器」としてとても重要な要素です。

稲盛さんは、「人生の方程式」として**「考え方×熱意×能力」**とおっしゃいます。熱意や能力はゼロ点から100点まであるが、考え方はマイナス100からプラス100点まであるともおっしゃっています。マイナス点の考え方を持つといくら能力や熱意があっても成功しないのです。「私利私欲」は最も大きなマイナス点となります。私心のない「正しい」考え方を持つことが成功するためには大切なのです。

Point

動機は善であるか、私心はないか。自分を厳しく律する心が、大成功する社長の共通点。

04

社長の時間の使い方には「3タイプ」ある

「未来のために費やす時間」を最大化せよ

社長にとって、「時間」ほど限られた資源はありません。
小手先の時間術よりも前に、意識すべき心構えがあります。

社長は「機会追求の時間」を増やすべし

時間というのは、貯めておくことのできないものです。
そして、誰もが1日24時間と限定されている。
この有限な時間という資源をどう活用するか。
そのためには、経営者は、仕事での自分の時間を次の3種類に分けて考えるべきです。

1. 機会追求の時間
2. 現状維持の時間

3. 問題解決の時間

一つめの**「機会追求の時間」とは、組織の未来のために使う時間**です。

新しいお客さまを獲得する方法や計画を考える、新規事業の構想を練る、有能な人材獲得や教育、また自身の勉強など、将来の成功の獲得のために使う時間です。

二つめの**「現状維持の時間」とは、現在の事業を維持するために使う時間**です。もちろん、これも重要ですが、これだけでは事業は伸びません。

社内のミーティング、現場視察、お客さま訪問などは、基本的にこの時間です。

三つめの**「問題解決の時間」とは、問題が発生したときに対処するための時間**です。

お客さまからのクレームや事故、製造設備の故障、流通の不備などのトラブルのほか、自然災害や、今回のコロナ禍のような社会的に生じた問題対応もここに入ります。

これは、通常に戻るために使う時間です。


結論から言えば、**社長は「1. 機会追求の時間」を最大化すべきです。**

現状維持も問題解決ももちろん大切なことですが、社長は自分の時間を過去や現在のことのために費やしすぎてはいけません。

会社の将来、10年後を考えるのが仕事なのですから、未来のために費やす時間を増やしていくべきなのです。

未来のための時間を、あえて「機会追求の時間」と名づけたのは、**事業の機会を増やしたり伸ばしたりすると考えられることに費やす時間**という意味があります。

そう考えると、例えば人を育てることも、未来を築くために大切な時間だという認識ができるでしょう。経営人材の育成は、最重要課題の一つです。実際、経営人材の育成に社長自らが多くの時間をかけている会社では、やはり業績が中長期的に伸びています。

毎日忙しく過ごすなかでも、意識的に、機会追求につながる時間を持つことが大切です。

「なかなか時間がなくて、困っている」という人は、自分がやるべきことを3つの時間に分けて整理してみることと、仕事以外の時間の使い方を考えるべきです。毎日、ゴルフや飲み会などで遊びほうけていて「時間がない」などと嘆いているのは論外です。

「これは会社の未来をつくる時間か?」と自問する

機会追求の時間を増やすためには、繰り返しになりますが、「やらないことを決める」ことが大事です。

「2. 現状維持の時間」は、時間を減らすことや部下に任せられることが多いです。

例えば会議。進捗状況の報告などは事前にメールで送るなどで時間を減らし、その分、将来のことを議論するための時間を増やす。

現状維持の仕事は部下に任せたほうがいいです。そのほうが部下も育ちます。一方、チェックとアドバイスだけは確実にする。「任せる怠慢」にならない注意も必要です。

「3．問題解決の時間」も、同様です。こちらは、トップが出ていって話をするからうまく収まるということもありますが、これだけでは会社の未来はおぼつきません。

例えば、コロナ問題対策にしても、社内のソーシャルディスタンスをどうするか、テレワークをどう管理するかということは、任せられる問題です。「お客さま第一」などの原理原則を普段からきちんと徹底していれば、部下でも結論は出せるはずです。

もちろん、重大な問題は、社長自ら「指揮官先頭」が必要ですが、部下が自分で原理原則に従って動くことができれば、その分、社長は「機会の追求」に時間を使うことができます。

Point

「これは未来をつくるための時間である」と言いきれる時間を増やすべし。

05

できる社長は、経営難をどう乗り切るか

危機時にやるべきこと、普段からやっておくべきこと

経営が厳しいときは、まず経費節減。さらに普段から、「マーケティング」「イノベーション」「ダム経営」の徹底も大切です。

資金的に差し迫っている場合はどうすべきか

社長の大きな関心事の一つに、「お金」があります。

経営が順調なときはいいですが、業績が悪化したり、経済状況が冷え込んだりすると、「資金繰り」の不安で頭がいっぱいになってしまう、という社長を多く見てきました。

しかし、そんなときこそ社長の実力が問われます。

まず、第一にやるべきことは、正確な資金繰り表の作成です。資金の「入り」と「出」を正確に、かつ厳しめに作成し、現実をきちんと理解することです。正確な資金繰り表がない、あるいは、楽観的な見通しの会社も意外と少なくありません。その上

で、売掛金などの入金を早めにする、支払いを遅くできないかを考えるわけです。もちろん、銀行等に融資を依頼することも必要です。

それとともに、必ずやるべきことは、私だったら**「経費の削減」**を考えます。

経費の削減は100％すぐに資金繰りに効果が出ます。とにかく、ムダを削ぎ落とす。

稲盛和夫さんがＪＡＬを立て直そうとされたとき、徹底的な経費削減を実践されました。すべての項目を見直して、路線の見直しから、軍手一つまで本当に必要かどうか検討した、と聞きました。涙ぐましい努力をして、ムダを省いたわけです。

しかし、外から突然やってきて、ただ厳しい経費削減だけを呼びかけても、社員としては抵抗があって当然です。

稲盛さんは、同時に、ものの考え方、人の熱意を引き出すにはどうしたらいいかということをよく心得ている方ですから、求心力となる「考え方」を示しました。

「新しき計画の成就は、ただ不屈不撓《ふくつふとう》の一心にあり。さらばひたむきにただ想え、気高く、強く、一筋に」

かつて京セラのスローガンにもしていた思想家、中村天風さんの言葉だそうです。

全社員にこのメッセージを発し、一丸となって取り組もうと呼びかけたのです。

どこの会社でも、危機に直面し、経費削減などに着手するときには、やはり心を一つにするような考え方が必要です。

常に「マーケティング」「イノベーション」「ダム経営」を徹底せよ

資金繰りに困るのは、普段から「マーケティング」と「イノベーション」を徹底せず、「ダム経営」（137ページ参照）を行っていないからです。

マーケティングとは、お客さまが望むQPSの組み合わせを見出し、提供すること。イノベーションとは、まったく新しい価値を、企業にもたらすことです。

景気の良いときは、どうしても経営が甘くなりがちです。しかし、そんなときこそ、**「自分たちの会社は、お客さまが望むQPSを提供できているのか」「新しい価値を世の中に、企業に生み出せているのか」を考え直さなければならない**のです。良いときのほうが、改革にも抵抗がありません。

そのときの一つのポイントは、**「競合他社の状況をよく見る」**ことです。

同じ市場で競争している他社はどうなのか。ライバルを観察し、研究する。

よく、「うちは良いものをつくっているのに売れません」と言う人がいます。これは、勘違いです。「良いもの」と思っているのは自分たちだけ。

商品が「良いもの」かどうかは、つくり手ではなく、お客さまが決めることです。

会社の存在意義や目的に合うものを提供するのは基本ですが、とはいえ、自分たち本位になってしまってはいけないのです。

松下幸之助さんは**「世間、大衆というものは神のごとく正しい」**と言われています。お客さまや世間は神さまのごとく正しいのです。そういう認識でいなければいけません。

それを客観的に見るための一つの方法が、ライバルを見ることです。

他社はどうして売れているのか。売れているということは、お客さまから、社会から求められているものを提供できているということです。

ライバルをきちんと見て、自分たちはどんなQPSの組み合わせを提供できているかを、素直に、謙虚に見る。そして軌道修正をする。

結果が出るまでにはしばらく時間を要するでしょうが、これが王道のやり方です。

そして、それにより利益を十分に確保し、将来のためにある程度貯めておく。これが「ダム経営」です。良いときに、社風や仕組みを確立しないといけないのです。

Point

経営難のときはまずは経費削減。良いときの改革や「ダム経営」も大切。

06

ムダのない経営のコツは「VE」に学べ

「お客さまの満足度を下げない」コストダウンのやり方とは？

ムダを削減すると言っても、それでお客さまの満足が下がっては意味がありません。ヒントは、バリューエンジニアリング（VE）という考え方にありました。

コストカットは「非付加価値活動」から考える

前項で経費の削減について触れましたが、ムダをなくす方法について、もう少し掘り下げたいと思います。

ムダを減らそうとするときに、一番に考えなくてはいけないのは、**お客さまの満足度を下げないこと**です。

ムダを省こうとして、クオリティやサービスが落ちてしまったら、お客さまは離れていってしまいます。それでは逆効果なわけです。

つまり、お客さまが価値を感じる部分を削り、質を落とすようなことはしてはいけないのです。これは肝に銘じておいてください。

企業活動は、「付加価値活動」と「非付加価値活動」とに分けることができます。

付加価値活動とは、お客さまの満足度に直接関わる業務です。営業活動、製造業において製品をつくること、品質管理などは、付加価値活動です。

非付加価値活動は、お客さまの満足度に直接関わりのない業務。総務や経理の分野はこれにあたります。社内のミーティングなどもここに入ります。営業活動でも、社内の書類作成などの非付加価値活動はあります。

ムダのカットは、まず、この非付加価値活動から手をつける。これが鉄則です。

近年、総務や経理の仕事はずいぶんアウトソーシングされるようになってきました。それは、非付加価値活動なので社内でやるよりも外注に出したほうが効率的だからです。

会議のやり方は、いろいろ工夫の余地がありそうです。意味のない会議もたくさんあります。意味のある会議でも、会議の時間をもっと工夫して短くできるはずです。

例えば、いままで3時間かけてやっていた会議を1時間半に短縮できれば、「90分×会議に出席していた人数」分の時間が浮きます。

あるいは、10人出ていた会議を3人で済ませられれば、7人の時間がまるまる浮きます。そういうことができないか、一度考えてみることです。

オンライン会議が急速に普及し、みんなが同じ時間に同じ場所に集まらなくても会議ができるようになったのは、ムダを減らすためには大きな前進といえそうです。

会議だけではありません。ムダな書類が多い会社もあります。ムダな稟議や根回しもあります。リモートワークにより、ムダな仕事だけでなく、厳しいようですが、ムダな人員が浮き彫りになった会社も少なくありません。

そういう非生産的なことが通例になっていないか、見直しを図るのです。

顧客満足度を下げない「バリューエンジニアリング」の工夫

非付加価値活動の整理ができたら、今度は付加価値活動に目を向けます。

付加価値活動では、商品やサービスの機能の向上、あるいはコスト削減によって、お客さまから見た価値や満足度を最大化することを、**「バリューエンジニアリング（VE）」**と呼びます。少なくともお客さまの満足度を下げないことが大前提です。

この考え方に則ると、お客さまの満足度を下げないどころか、満足度を上げながら、コスト削減ができる場合もあります。

例えば、国際線のビジネスクラスで海外へ行くとき、以前は夜に出発する便でも一律に食事を提供していました。しかし、最近は、希望のある方にだけ提供するように変わってきたところがあります。それはサービス低下になるかというと、むしろ逆で、食事は要らない、機内で眠っていたいとか、集中して仕事をしたいという人は、食事のことを意識しないで済むので、満足度は上がり、サービス向上となります。

お客さまにとっても、航空会社にとっても、ムダを削減しながら満足度を高めることができるわけです。宅配便の配送時間指定も、お客さまにとっても業者にとってもどちらもメリットがありますね。

つまり、「お客さま目線で考える」というスタンスで、ムダの削減をすることが大切です。バリューエンジニアリングとは、「まずお客さまありき」の考え方なのです。

ダメな会社は、まずコストを削減することを一番に考えます。それでお客さまが望むQPSを提供できず、お客さまの満足度が下がり、結果としてさらに売上が落ちるという悪循環に陥ります。ムダの削減とはいえ、それが一番になってはいけないのです。

Point

コストカットもお客さま第一に考え、満足度を下げずにムダを省こう。

07

危機に備えて「手元流動性」を高めよ

不測の事態に経営者はどう備えておくべきか

最優先すべきは、「利益」より「キャッシュフロー」。会社の命運は、「日頃の準備」ができているかどうかで決まります。

会社がつぶれるのは、キャッシュがなくなったとき

経営者は、つい「利益」のことばかりを重視しがちです。とくに、会社がどんどん大きくなるほど、利益のことを強く意識するようになります。

上場企業ともなれば、営業利益、経常利益、当期純利益……と利益のアップが会社の業績好調の証しとなります。

もちろん、利益を上げることは大事です。

しかし、最優先させるべきは、**「キャッシュ（現金）」**です。**将来のために投資を行い、その一方で、不測の事態に備えて、キャッシュを確保し、手元流動性を高めておく**

ことが大切です。

数字のうえで利益が上がっていれば、手元のキャッシュが増えるというわけではありませんね。売掛金が増える、投資をするとキャッシュは減ります。会計上の概念と、手元のお金とは別物です。

そして、**会社はキャッシュがなくなったときにつぶれる**のです。

私は以前からセミナーなどで経営者の方たちに、「キャッシュと利益は違う」ということを強調しています。また、緊急時には、「手元流動性を多めに確保しておいてください。いざというときに本当に頼りになるのは、自社でコントロールできる資金だけです」と繰り返し言ってきました。

その結果、金融危機やリーマン・ショック後、「小宮さんの言うとおりにしていたおかげで助かりました」と感謝されました。今回のコロナ禍も同様です。

一流の社長は「ダム経営」を目指す

手元流動性とは、自身でコントロールできる現預金などの資金がどれくらいあるかを示した指標のことです。

通常なら、大企業は月商の1カ月分、中堅企業は1・2～1・5カ月分、中小企業は

1・7カ月分くらい確保できていれば問題ないといえます。

しかし、危機時にはさらに多く持っておいたほうが安心です。そして、不測の事態というのは、いつ来るか分かりませんから、常日ごろから余裕を持って蓄えておきたいところです。それが松下幸之助さんの「ダム経営」の考え方です。

資金を心配しだすと、経営者は他のことは何も考えられなくなり、仕事が手につかなくなります。「お客さま第一」が「資金繰り第一」になります。

資金に事欠けば、大事な資源である「ヒト」も「モノ」も手放さなければいけなくなってしまう。最悪の事態は倒産です。

資金繰りが不安な状況になったら、銀行からの借入れを増やすなど、早め早めに資金調達をしておくことですが、遅すぎると銀行も貸してくれません。

資金が枯渇しないよう、普段から余裕を持った経営を心がけることです。

とくに**業績の良いとき、順境なときにしっかり貯めておくことが肝要**です。

松下幸之助さんの「ダム経営」の考え方に倣うことが大切なのです。

▼普段できないことは、緊急時にもできない

想定外の経済危機とよく言いますが、想定外のことが何も起こらないということのほうがあり得ないわけです。

「想定外は常に起こる」という大前提でいるべきです。

緊急時の対応力というのは、危機前に何をしていたかで決まるところが大きいのです。いざそのときになってから、どうにかしようと思っても遅い。

例えば、プロ野球の選手で、140キロの球を打てない人が、大切な場面でいきなり160キロの球をホームランするということがあり得るでしょうか。普段から、140キロの球でホームランを打てている人なら、160キロでも打てる可能性があります。

人がいざというときに踏ん張れるかどうかは、普段のあり方がものを言う。

普段から踏ん張っていない人は、危機になっても力は出せません。

危機というのは、普段よりもっと大変なときです。そこで踏ん張って力が出せるかどうかは、普段から力を十分に出しきれているかどうかにかかっています。普段からの準備が大切なのです。

常に全力を出しきる習慣がついていれば、厳しいときであろうが、平常時であろうが、全力が出せる。だから、結果的に危機のときにも力が出せるのです。

個人の力だけではありません。

危機対応のときこそ、会社の結束力だとか、意識の共有が必要とされます。

普段、コミュニケーションが意味のうえでも意識のうえでもきちんととれているところは、その円滑なコミュニケーションが緊急時にも発揮されます。

今回のコロナ禍への対応に当たっては、会社によって本当にばらつきがありました。私は、日ごろの準備がかたちとなってあらわれたのだと捉えています。

危機を乗り越える力の源泉は普段の社風や準備にあるのです。

最後は、「前向きになれるかどうか」がものを言う

危機を乗り越える力となるのは、状況に呑み込まれてしまわずに、前を向けるかどうかも大きくかかわってきます。

「あれもできない」「これもできない」と、意気消沈してしまうことが続くわけです。そこで気落ちして、思考力も行動力も停滞してしまったら、とくに社長がそうなってしまったら、その会社はけっこう厳しいです。

できない理由はいくらでも挙げられる。そうではなくて、「こんな状況下でも、やれることがあるのではないか」と考えられるかどうか。

リーダーがそういう姿勢をみんなに示せないと、組織は浮足立ちます。

こういう時期こそ、**「これは将来への躍進のチャンスだ」と気持ちを切り替えて前向きに考えられるメンタリティが大事**なのです。そして、とにかく考えて、それをどんどん実行する。

ただし、発想を転換して何かするにしても、資金的余裕がなかったらできません。

お金がなかったら、やりたいこともやれない。危機を乗り越えられるかどうかは、やはりお金を持っているかどうかが大きいということなのです。

会社の未来を考えよう、10年先を見据えようと繰り返し言っていますが、資金に余裕がないことには、長期的にものを考えることはできません。「恒産なき者は恒心なし」。

ここでも「準備」が活きてきますが、それがなければ、とにかく借入してでも資金調達することです。

準備のできている会社は、大変なことが起きても、心理的に余裕が持てる。だから前を向けるのです。

Point

手元にお金がないと、会社はつぶれる。資金の余裕と日頃の準備が、心の余裕を生む。

第4章

「人を動かす」社長の条件

01

できる社長は「指揮官先頭」

経営者が身につけるべき「2つの覚悟」とは？

社長がどんなに言葉巧みであろうと、それだけで人は動きません。自ら「先頭に立ち」、「責任を取る」姿勢を示す必要があるのです。

▼良い会社の条件は、「働く人が幸せである」こと

経営者がやるべき仕事とは、「1．方向づけ　2．資源の最適配分　3．人を動かす」、この3つでした。本章では、「3．人を動かす」ために心がけてほしいことを、まとめてご紹介したいと思います。

経営者は、商品やサービスを販売することで収益を上げていくにはどうしたらいいかを考える役目ですが、そのためになくてはならないのが社員の力です。極論、社長は一人では何もできません。

良い会社の条件に、**「働いている人たちが幸せである」**ことが挙げられます。

「この会社にいて幸せ」とか、「この会社の一員に自分もなりたい」と人に思わせられるかどうか。

また、何か問題が起きたときに、「この人についていったら大丈夫だ」と思わせられるかどうか。社長には、こうした能力が求められています。

とくに、いまは仕事に対する考え方が多様化しています。

実質的な働き方の変化も大きい。

テレワークのような働き方をどう組織に取り入れながら、一人一人のパフォーマンスを引き出していくか。

業績もさることながら、組織を魅力的に導いている経営者のところには人が集まります。良い人材がどんどん入ってくるから、より結果が出る。待遇も良い。だから、そういう会社にいっそう人が集まります。

これは、日が経つにつれて大きな差になり、経営に大きく影響する要素になります。

残念な社長は「言って聞かせて」人を動かそうとする

私は、経営者には次の2つの「覚悟」が必要だと考えています。

1.「指揮官先頭」の覚悟
2.「責任を取る」覚悟

「指揮官先頭」とは、まさに先頭に立って行動する姿勢です。

ドラッカーも、上司たるべきもの、部下の模範にならないといけないと言っています。

つまり、率先垂範できるかどうかです。

海軍大将、山本五十六の有名な言葉があります。

「やってみせ、言って聞かせて、させてみせ、ほめてやらねば、人は動かじ」

この言葉の最初は「やってみせ」なのです。ここが重要なのです。

残念なリーダーは、「言って聞かせて」から入ります。しかし、自分は言うだけ、号令をかけるだけでは、部下を本気で動かすことはできないのです。

自分が先頭に立ってやってみせられる、そういう覚悟があるかが、問われています。

もう一つが**「責任を取る」**覚悟です。

「電信柱が高いのも、郵便ポストが赤いのも、すべて社長の責任であると思え」と言ったのは一倉定先生です。このように、自分自身の言動に責任を持つだけでなく、電信柱が高いのは無理でも、自社で起きたことはすべてひっくるめて自分の責任だと言いきる社長がいたら、部下も思い切って動くことができます。

社長の姿勢、言動が、部下が模範にしたいと思えるものであれば、それは彼らの求心力となります。

「指揮官先頭」にしても、「責任を取る」にしても、普段からその覚悟が据わっていないとダメです。

普段からやっていないことは、いざというときもできません。

日ごろのちょっとしたことから率先垂範してやっているか、責任を取っているか、そういう姿勢が大きなことにもつながっていくのです。

トップの姿勢は会社の命運を左右する

この経営者の2つの覚悟がよくあらわれていた出来事があります。

自動車用の安全部品、エアバッグ・シートベルト・チャイルドシートなどを製造していたタカタが、２０１７年に経営破綻しました。

きっかけとなったのは、主力商品のエアバッグの欠陥問題でした。エアバッグの爆発による事故が多数起き、死亡事故まで発生してしまったのです。

タカタのエアバッグは、世界2位のシェアでした。世界中で使われていたのです。事故が多く、問題が一番露わになったのがアメリカでした。

タカタはアメリカ政府の公聴会に呼ばれ、説明を求められましたが、このとき、社長は表に出てこず、品質保証責任者のシニアバイスプレジデントに説明させました。

結局、欠陥商品であることを明らかにしなかった姿勢が問題視され、リコール対象となり、負債が1兆円を超えることになって、会社は空中分解することになったのです。

実はそのしばらく前、アメリカでトヨタ製自動車の事故が起き、大規模リコール問題が発生していました。やはり経営者がアメリカ政府の公聴会に呼ばれたのです。

このとき説明に出ていったのは、代表取締役社長の豊田章男さんでした。アメリカで教育を受けているので、英語に不自由しないということもあったと思いますが、質疑応答に対して、自分の口から説明し、真摯に対応したのです。

タカタとトヨタは、トップの姿勢が大違いでした。

その後どうなったか。

皆さんもご存じのように、タカタは完膚なきまでに分解され、一番いいところは中国企業に取られました。

トヨタは隆々として、日本で最強の企業としてあるわけです。

問題が発生したとき、会社の看板を背負っている社長が自ら先頭に立って対応するかどうかが大切なのです。危機対応も含めて社長の姿勢が会社の命運を分けるのです。

もちろん社員の士気にも大きな影響を与えます。

人を動かすためには、まず社長自身が、どれだけの覚悟を持っているかが問われるのです。

Point

普段から指揮官先頭の覚悟、責任を取る覚悟を持って動いているか?

02

社員の働きがいは「社風で決まる」

社員が自ら「働く幸せ」を感じられる会社のつくり方

モチベーションは、社員個々人が見つけるもの、というのは大間違い。働きがいを実感できるかどうかは、会社のあり方一つで変わります。

最初に「働く幸せ」「働きがい」がなくてはならない

先にも述べましたが、会社が働く人に与えられる幸せには、2種類あります。

1.「働く幸せ」……働くことそのものに感じる幸せ
2.「経済的幸せ」……お金を得られることで感じる幸せ

どちらも必要ですが、大切なことは、**まず先に「働く幸せ」を感じられなければならない**ということです。

「お金」は二番目です。お金を一番と感じる人は、カネの亡者で、そんな会社は「金の切れ目が縁の切れ目」のような会社です。ですから殺伐としています。「働く幸せ」が一番で、そしてそれを感じている人のほうが、間違いなく稼ぎます。

そもそも、人はどんなときに「働く幸せ」「働きがい」を感じるのか。

お客さまや周りの仲間など「誰かが喜んでくれた」「誰かの役に立てた」「評価された」と感じると、仕事に意義が感じられ、誇りや自信、喜びといった感情が湧きます。

また、仕事を通じて達成感が得られる、自分自身の成長を感じられるといった自己実現の喜びも、働きがいだと感じます。工夫して結果が出ることもやりがいを感じます。

仕事を通して自分が貢献できているという充実感が幸せとなり、精神的に充たされる。これが「働きがい」の本質だといえます。

「働く幸せ」を感じ、「働きがい」を感じる人は、良い仕事をしようとします。

お客さまや仲間に喜んでもらうために、もっと良い働きをしたいと考え、もっと良くできないかと創意工夫をしようとします。だから、さらに貢献できる。

その結果として、対価として得られるお金も増え、経済的幸せを得られる。

このように、**「働く幸せ」「働きがい」が先にあると、好循環をもたらします。**

しかし、これが経済的な充足を得ることが目的になってしまうと、働くことの喜び、充実感よりも、もっとお金を稼ぐための方法が優先されるようになってしまいます。

すると、**お客さまや仲間に喜んでもらいたい、貢献したいという意識が薄れてしまう**のです。ですから、まず「働く幸せ」「働きがい」を感じられることが大事なのです。

「働きがい」は社風に大きく左右される

「働きがい」は、他の人が判断するものではなく、本人が感じる感情です。

ですから、「働きがいとは個々がそれぞれ自分で見出すものであって、会社が与えるものではないのではないか」と考える方もいると思います。

しかし、**「働きがい」を感じるかどうかというのは、その企業の社風、いわば会社のカルチャーによるところが大きい**のです。そして社風を作り出す源泉は社長です。

仕事に対して意義や価値を感じられる理念が打ち出され、それを社長が率先垂範し、社員にも共有できている会社は、自分もそのミッションのために貢献したいという気持ちが自然と培われていきます。「働きがい」を見出しやすい環境なのです。

「働きがい」を持ちやすい職種と、そうではない職種があるだろうと思う方もいるかもしれませんが、それも違います。自社の目指していることに共鳴し、仕事に対して誇りや自尊心を持つことができていたら、部署も職種も関係なく「働きがい」を感じられるのです。ディズニーランドのお掃除係の人は、本当に生き生きしていますよね。

「働きがい」を感じているかどうかは、生き生き働いているかどうかで分かります。

自分の会社を「良い会社」と言える人、「仕事が好きだ、楽しい」と言える人は、働く喜びを感じ、「働きがい」を感じています。

単に楽しいだけではなく、そこに価値を感じる。会社の存在意義だけでなく、自分自身の存在意義も感じられる。

だから仕事にいっそう張り合いを感じ、工夫することができる。「働きがい」を感じ、もっと良い仕事をしようと意欲が湧く。それが、社員が活かされている状態です。

社長の役割とは、そういう気風を醸成できる環境を整えることです。

売上や利益といった目先の「目標」も大切ですが、それだけでは、社員の働きがいにも幸せにも結びつきません。次項で説明する「目的（ミッション）」がしっかりしていることが大切です。

Point

「うちは良い会社」「仕事が好き、楽しい」と言える人を増やすことも、社長の仕事。

03

「目的」と「目標」の違いを明確にせよ

「どこにたどり着きたいのか」ゴールを社員に伝える方法

社長の仕事は、会社が目指す先をはっきり定めること。そのとき、「目的」と「目標」を混同しないことがとても大切です。

目指したいものがなければ、どこにもたどり着けない

講演やセミナーで、私はよくこう話します。

「散歩のついでに富士山に登った人はいない」

散歩も登山も同じ「歩く」行為ですが、散歩は、はっきりとした目的地も計画も持たずに散策を楽しむもの。登山は、まず目的地、目標ありきの挑戦。

そこに「明確な目標や目的意識があるか」という点で、両者の姿勢は対照的です。

富士山だったら、「富士山に登るぞ！」という明確な意志を持つことから、富士山へ

の具体的な道が描けるようになる。

時期はいつにするか、どの登山ルートを使うか、どんな準備を整えたらいいか。

目指す目標を明確にすることで、それをかなえるためには何をしたらいいかが鮮明になり、具体的な計画を立てて行動できるようになるのです。

「どこを目指そう」という目標も、そこから得られる達成感などの成果という目的が必要です。たとえどんなに健脚で、どれだけ長時間タフに歩き続けることができても、歩く行為の先に登頂という「成果」をイメージできないと続きません。

このように、**何かを成し遂げるには目標や目的意識がなければ成功しません。**

あなたがビジネスで成功したいと考えるなら、目標や目的を持って、「目指す山を決めて歩く」べきです。

そして、社員に前向きな意欲を持ってもらうためには、目標や目的を掲げなくてはいけません。

「目的」があるから、はるか遠く先まで行ける

気をつけてほしいのは、「目的」と「目標」は似ているように見えて、まったく違う

ということです。

・目的……最終的に到達したいところ、存在意義
・目標……目的を達成するための通過ポイント、目的達成の手段や評価

こう考えると分かりやすいのではないでしょうか。

私の経営コンサルタントとしての「目的」は、「関わる方たちに成功していただくこと」です。これが私の目的（存在意義）です。私は、長い間、「単著で100冊出版する」という「目標」を持っていましたが、もう7年ほど前に達成しました（この本は151冊目です）。しかし、100冊という目標を達成しても、目的は達成していません。私が現役で働いている限り、どこまで行っても達成はしないのです。

目標を掲げることも推進力にはなりますが、もっと強い原動力となるのが目的です。使命感を生むからです。目標とは目的を達成するための通過点にすぎません。

一方、大きな目的を持っていれば、一つの目標を達成できたあとも、持続的、継続的に力を出し続けられます。

「何のためにやるのか」という目的が大事なのは、その目的が大きいほど、ずっと遠くまで、高くまで行けるからなのです。

そして、これは、ビジネスも同じです。ドラッカーは、「企業が事業戦略を策定するときには『目的』からスタートしなければならない」「あらゆる組織は自らの目的とするものを明確にするほど力を持つ」と言っています。

「目標」を具体的に設定すれば、目的への道が開ける

やる気を継続させ続けるため、成長し続けるためには目的を持たなければなりません。「ミッション」として掲げている企業も多いと思いますが、それを浸透しなければなりません。

しかも企業の掲げる目的は、社会に貢献するために、みんなが何十年もかけて目指していくところです。果てしなく遠いわけです。それでも到達はしません。永遠に続きます。

実際に、何をどうしたらそこに行きつけるのか、簡単には分からない。

だからこそ、**気をつけないと、思考停止状態に陥ってしまいかねない**のです。

実は、「お客さま第一」というのも思考停止になりやすい言葉です。

お客さまを大事にする姿勢ですから、これに反論できる人はいません。

しかし、「お客さま第一」を実践するために何をしたらいいかは、一言で言えるものではありません。だから、意外と見えにくい。何をやったらいいか分からない。

そこで、**何をしたらいいのかが分かりやすくなるように、目標を設定する**のです。

例えば、お客さまは商品やサービスを買ってくださるわけですから、「こんな商品をつくろう」「こんなサービスをしてみよう」というお客さまにとってうれしいことは、目標として望ましいでしょう。その結果が売上高ですから、それも目標になります。

このように、具体的な行動目標や成果目標を立て、一歩一歩階段を昇っていく。

この目標の階段のずっとずっと先に、目的という扉があるというイメージを、社員が持てるようにする。これが経営者の仕事です。

本書では、「金もうけを目的にしてはいけない」と繰り返し言っていますが、売上高や利益は目標です。お客さまが喜ぶ商品やサービスを提供し、働く人が活かされ幸せになった結果得られるものです。お客さまが喜び、働く人が幸せになることが目的で、売上高や利益は目標なのです。

ですから、私は売上高や利益の出ない会社は、目的に向かって十分に進んでいないので信用しませんが、売上高や利益が目的化している会社はもっと信じません。

ときには、「お客さま第一」をモットーに掲げながらも、そのことはすっかり忘れて、売上高、利益の数値目標だけを社員に厳しく課す会社もありますが、これでは言っていることとやっていることが矛盾しています。こういう会社は、お客さまも社員も幸せにしません。あくまでも、売上高や利益は、「お客さま第一」の結果に過ぎないのです。

ですから、もっと「お客さまに役立とう」ということで、そのことを具体化し、実践し、その評価としての売上高や利益の目標を高く掲げるというのが正しい姿なのです。

あなたは、どんな会社をつくりたいのか、目指すところ、行きつくべきところを鮮明にイメージできていますか？　それが、ミッション、ビジョンなのです。

そして、そのために何をしたらいいのか、具体的な「目標」を立てて、一歩ずつクリアしていってください。

小さな目標の達成は、未来を変えるステップです。逆に、目的（ミッション）や将来像（ビジョン）をしっかり持たない限り、長く続けるエネルギーは出ないのです。

Point

「目的」と「目標」の違いを社長自らが認識したうえで、それを社員に浸透させせよ。

04

「長所7割、短所3割」で人を見る

できるリーダーは部下の良いところに目を向け、心から褒める

人の良いところを見出せる人は、人を心から褒めることのできる人です。ただし、「褒める」と「おだてる」は大違い。叱れる能力も必要です。

長所を見出せるのは、人を心から褒めることのできる人

第3章で、短所を補うのではなく、長所を伸ばしなさい、というお話をしました。これは、「人を動かす」ときにも変わりません。

松下幸之助さんは、人を見るときに、**「長所を見ることに七の力を用い、欠点を見ることに三の力を用いる」**と言っています。誰でも必ず長所も短所もあります。その「良い部分」に7の比重を置いて見ようじゃないか、というのです。

その一方で、「短所も短所としてそのままに見なさい」ということも言っています。

つまり、単純に贔屓目で長所を拡大して捉えるわけではなく、**長所に比重を置いて、**

そこをどう活かしたらいいかを考えるということです。

「きみはこういうところがいいねえ」と言っていると、本人もそこを自分の長所だと自覚するようになり、自信を持ち、さらに磨かれていくということだってあります。

人使いのうまい人、育てるのがうまい人は、人の長所、美点を見つけられる人です。そして長所を見つけられる人は、心からそれを褒めることのできる人です。

人の悪口ばかりを言っている人がいますが、それは人の悪い点を見ているからです。良い点を本当に見つけられる人というのは、人の良い面が見える人、言い方を換えると、人を心から褒めることのできる人です。

ただし、**「褒める」と「おだてる」は別**です。褒めて育てると単純に考える人がいますが、それでは人は伸びません。良いところは良い、ダメなところはダメと言うことがリーダーには求められます。ダメなところでもおだてると、仕事を甘く見ます。

自分の長所に人は意外と気づかないもの

実は社員の立場からすると、**自分の長所というのは、自分では意外に分かっていないものです。**とくに若いころは、自分の思っている長所と、人の評価にかなりギャップがあります。自分のことが見えていないということなのでしょう。

例えば、私が新卒で入ったのは、都市銀行でした。11年勤めていましたが、御多分に洩れず、なんどかの異動を体験しました。

2年間アメリカの経営大学院に留学させてもらい、帰国したら営業の第一線へ、と望んでいたところ、配属されたのはシステム部でした。

当時の私の感覚としては、システム部の存在は知っていましたが、まさか自分が働く部署だとは思っていなかった程度のものでした。どうやら入行時の評価によると、私はシステムに向いている、と判断されたらしいのです。

しかし、やるからにはとことんやってやろうとどっぷりつかりこみ、「情報処理技術者試験」の特種を取得しました。この資格は、プロジェクトをスムーズに進行させることに役立ちました。

こうなったらこの分野で上を目指そうと思っていたところ、今度はM&Aをアドバイスする部署への異動辞令が出ました。M&Aといっても、自分にはまったくイメージがなく、正直なところ、私は内示を拒否したくらいでした。

しかし、銀行で異動辞令を拒否することなどできません。というわけで渋々異動したのですが、海外の企業がらみのM&Aに携わる仕事はとても面白かった。企業というものを、従来とはまったく別の角度から理解する視点を持つことができました。

その後、私は銀行を辞めて国際コンサルティング関係の仕事に就くのですが、「経営コンサルタント」としての根幹を築くことができたのは、自分の望んでいた営業職に就くのではなく、システムやM&Aの経験があったからなのです。

そう考えると、銀行は私の性格も含めて強みの要素をきちんと見て異動させていたということがいえるかもしれません。

社長もときには、部下が不本意に思う異動を命じるときもあるでしょう。しかし、そういうときこそ、**部下にとっては、自分自身が気づいていない長所に気づき、実力を伸ばせる大きなチャンスでもある**のです。私は自分自身の経験からも、そう思っています。

Point

できる社長は、部下が気づいていない長所すら見出す。長所を見出せるのは、人を心から褒めることのできる人。

05

一流の社長は「怖いけど優しい」

時にはピシャリと部下を叱れる「厳しいリーダー」であれ

社長が「優しい」ことと、「甘い」ことは明確に異なります。ダメなことはダメと言える厳しさも、社長には必要です。

ダメなリーダーは、ダメなことを曖昧にする

いまは、厳しすぎると人がついてこないとか、すぐに「パワハラだ」とか言われやすい時代ですが、組織を束ねるトップとして、厳しく言わなければいけないこと、厳しく接しなければいけないときというのがあります。

ダメなリーダーは、ダメなことを曖昧にします。

それは、厳しく言うことは、実は難しいからです。

社員の間での人気を気にし、「嫌われたくない」などと思ってしまう……。

しかし、そんな社長はダメ社長です。

組織は「For the company」で動かさなければなりません。

方針違反など、会社のためにならないことに対しては、厳しく対応しなければなりません。

それが社長の務め、社長という機能なのです。

厳しくも温かかった松下幸之助さん

経営コンサルタントとして独立するときに、松下幸之助さんとドラッカーの本を徹底的に読んだと言いました。当時、すでに松下幸之助さんは亡くなられていましたから、「松下さんと一緒に仕事をしていたことのある方に話を聞きたい」と、松下電器の知り合いに頼んで紹介していただき、OBの方にお話を伺う機会を得ました。

そのときに聞いたのが、松下さんは**「怖いけど優しい人だった」**という言葉でした。怒るときには、烈火のごとく怒る人だったそうです。

ある部長さんが失敗をして、幸之助さんの執務室に呼ばれて激しく怒られ、その場で失神したそうです。すさまじい怒りだったのです。

しかし、その部長さんが執務室を出た後、幸之助さん自らその部長さんの自宅に電話をかけ、奥さんに「旦那はしょげて帰ってくるから、夕飯にお銚子の2本や3本をつけてあげるように」と話したのだそうです。ちゃんとフォローしていたのです。

めちゃくちゃ怖い人だったけれど、人間として優しい人でもあった。厳しさと優しさ、両方併せ持っていた方だったようです。

・部下を叱るときは、全力で叱る
・叱った後は、フォローを入れる
・私心で叱ることは絶対にしない
・基本的なことを外した場合は、厳しく叱る
・大きな失敗のときは叱らず、むしろ励ましの言葉をかける

松下幸之助流の叱り方をまとめると、こんな感じだったといいます。

時代は変わっても、叱り方のポイントがまさに名経営者ならではです。

人を率いていくには、やはり人望と能力の両方が必要なのです。

▼経営者は「優しさ」と「甘さ」を混同してはいけない

組織の規律、秩序を導いていくのは社長の役割です。

もう二十数年前の話ですが、私がある中小企業を訪問していたときに、社長が自分の運転する車でこれから営業所に行く、という話をされていました。

そこにベテランの女性社員がダンボール箱を1個持ってやってきて、「社長、営業所へ行くんだったら、ついでにこれ持っていってよ」と、まるで友だちにでも言うような口調で言ったのです。

それまで温和な表情だった社長は、「宅配便で送りなさい」とキッパリ言いました。一瞬、場は凍りましたが、私は、「良い社長だ。気持ちのいい態度だな」と感じました。社長は、その女性社員が礼をもって頼んだのならその段ボールを一緒に車に乗せたでしょう。しかし、気心の知れたベテランでも、社長への口のきき方が問題なのです。そのけじめはつけないといけない。

これを許してしまったら、似たようなことがどんどん横行するようになります。

どんなにアットホームな雰囲気で仲良くやっている会社でも、「規律」や「秩序」は保たなければいけない。組織には規律や秩序がなければならないのです。

上司である、社長であるというのは、組織としての機能です。嫌われたとしても、役割、機能を果たさなくてはいけないときがあるわけです。規律を守らせるのも、社長の仕事です。

会社はリーダーで決まります。この会社は当時は小さな会社でしたが、いまでは東証一部上場企業です。そのオーナー経営者が一代で大きくしました。

あのときに、黙ってダンボールを運ぶような社長なら、会社をここまで大きくできなかったのではないか、と私は思っています。

それをやることは「優しさ」ではありません。「甘さ」です。組織の秩序、規律のために、線引きがきちんとできることが肝心なのです。

その社長は、経営が何であるのかをしっかり知っていたのです。

聞きすぎ上司は道を誤る

「みんなの意見を聞いてやっていく」という民主主義的な社長もいますが、私はそれで良い判断ができるとはあまり思いません。

もちろん、聞く耳を持つことは大切なことです。衆知を集めるのです。ただし、**意見を聞くのと、要望を聞くのは別です。**

「私はこっちに行きたい」「僕はあっちに行くべきだと思う」という要望を全部聞こうとしていたら、組織はもちません。それぞれの言っていることを全部聞けたとしても、その要望に応えることはできないわけです。社長が聞くと、その要望にこたえなければならなくなります。でも、皆の要望にすべて応えるなど、通常はできません。

だから、部下の話、とくに要望を聞きすぎるのは、良い上司とは言えないのです。会社に対する批判も同じです。聞いていたらきりがありません。そうではなく、**ミッション、ビジョン、理念を求心力にする会社を作って、その話を皆でする**のです。夢を語る場を持つのです。ただ、それが可能になるのは、社員が働きがいを感じている場合だけです。

ときには、降格人事を考えなくてはいけないときもあるでしょう。

降格されるなんて、誰でも嫌です。その決断をしなくてはならないほうにしても辛い。降格を喜んでしたいと思っている人はいないでしょう。

でも、会社のためになっていない、機能を果たしてない人を降格させることも、リーダーとしては必要なことです。

そういう意味では、**必要とあらば降格人事もできる社長は、優れた社長**だと思います。

Point

「優しさ」と「甘さ」は違う。
組織のためならば、降格人事も辞さない。

06

最高のリーダーは「存在さえ意識されない」

下手に格好つけない社長が、理想的な指導者である理由とは？

社長は、完璧であったり、他の社員より優れている必要なんてありません。ただし、組織全体を良くする存在でなければなりません。

部下の前で、弱みをさらせていますか？

社長に限りませんが、気取って格好つけているようでは、リーダーはダメです。

そんな「いいところばかり見せよう」とする人は、本当のところ何を考えているのか分からなくて信用できません。

できる社長ほど、自然体でざっくばらんな素の姿を見せようとします。

私が関わっているある会社では、コンサルティング会社に頼んで、社長以下全役員の強みと弱みを分析しています。

すごいのは、自分で自分の強み、弱みを知るだけでなく、その内容を社員も見られるように開示しているのです。

つまり、**部下は役員の強み、弱みを共有している**のです。

なぜそんなことをしているかというと、強みが分かっていれば、それに関して部下はどんどん相談することができるから。弱みが分かっていれば、その部分を部下がカバーすることができるから。

こうなると、格好つけたところで仕方ないのです。

社長にしても、他の役員にしても、必ずしも人格的に優れているからその立場に就いているわけではありません。創業社長となると、多少は人格的なものもあったうえで現在の地位を築けたという面はありますが、別に高潔な聖人君子であるわけではありません。

自分の弱さもすべて見せて、**困ったときは「助けてくれ」と言える人のほうが強い**。成功していけるのは、そういうリーダーです。ただし、能力もやる気も、人間性の良さもなく、それをさらけ出したら何とかなるというものでもありません。気取らないが、自身を高める努力をしていることが大前提であることは言うまでもありません。

愛嬌、人間味のある社長ほど成功するワケ

「愛嬌がある」とか「ユーモア感覚がある」というのも大事な要素です。

要するに、**一緒にいて楽しい人。**

愛嬌というのは、ある意味「隙」ではないかと思うのです。そつのない人、隙のない人はつきあいにくい。そういうタイプよりも、「一緒にいたいなあ、もっといろいろ話したいなあ」と思うような人のほうがいい。

よく知られている言葉ですが、松下幸之助さんが部下に言っていたというこの言葉が私は好きです。

「君ならやれる。わしだったらやれないけれど、君ならやれる」

天下の松下幸之助さんにこんなふうに励まされたら、本当にできるんじゃないかという気がしてくるではありませんか。

自分にはできないと言ってしまえるところに、なんともいえぬ愛嬌が感じられます。

一流の社長は例外なく「しつこい」

成功する社長に共通する性格の一つに**「粘り強さ」**が挙げられます。

言い換えれば、しつこい。

決めたことはしつこくやる。簡単にはあきらめない。

そうやって信念を貫く粘り強さが、成功につながるのだと思います。

ですから、**部下にもしつこく言わなければいけないことは、何度も何度も言い続けます。**

もっとも、この兼ね合いが難しい。

しつこいくらいに言って、身体に染みこませるというのも一つ大事なことです。

ただし、一挙手一投足まで細かいことまで指示してはいけない。

それぞれが自分の裁量で自由にやれるようにしなくてはいけない。

あまり口を出しすぎると、部下が自分で判断できなくなるので、判断できない人になってしまいます。

けれども、あとは任せたといって丸投げしてはいけないのです。

関わりすぎてもいけない、関わらなさすぎてもいけないわけです。

「規律の中の自由」が大事。ある程度自分で判断してやらせないといけない。

ある程度規律を守れる人には、権限を与えて、ある程度自由にやらせる。その代わり、徹底的に結果が出るまでやらせる。なあなあの結果などは許してはダメです。

もちろん、それぞれの能力によっても違います。規律は守れるけれど、能力が足りない人もいますし、その逆で能力は高いけれど、規律が守れない人もいます。能力を見極めた上で仕事を任せるのですが、十分なアウトプットを出せることが大前提です。そうしないと、お客さまにも、周りの仲間にも迷惑です。規律を守れない人は論外です。

『老子』に描かれた「最高のリーダー」の条件とは？

『老子』のなかに、最高のリーダーとはどういうものかという話があります。かいつまんで説明すると、次のようなものです。

最高のリーダーは、その存在さえ意識されない。
その次は、敬愛されるリーダー。
その次が、恐れられるリーダー。
最低なのは、バカにされるリーダーである。

敬愛されている人は、良いリーダーです。慕われ、その人のおかげだとみんなが思うような存在なわけですから。そして、多くのリーダーはそれを目指します。

しかし、その上がある。「存在さえ意識されない」とはどういうことかというと、何かを成し遂げて手柄を立てても、部下はリーダーのおかげだとは思っていない。

つまり、部下に自分の存在を意識させる、誇示するようなのはまだまだであるということ。存在を悟らせず、部下に「自分の成果だ」と思わせることができることこそ、最高の指導者だというわけです。

それは何もしないということではなく、「考え方」を普段から統一、徹底し、部下が「自分の力でできた」と思えるような「仕組み」をつくり上げているのが、最高のリーダーであるというのです。

これは、私もそのとおりだと思います。その人がいないとうまく回らないようでは、本当の良いリーダーではない。リーダーと同じ考え方を持ち、誰がやってもできてしまうような仕組みを考え出せたら、自分がいなくなっても、組織は長続きしていける、ということです。

Point

「考え方」を統一し、「仕組み」をつくるのが真のリーダーの仕事。

07

会社の10年後を託せる「経営人材の育て方」

後継者候補はすぐには育たない。だからこそ「準備」を怠るな!

来るべき未来に向けて、経営人材を育成するのも社長の仕事。しかし、経営人材を育てるのは楽ではありません。

結局、経営は「やってみないと分からない」

社長がやらなければいけない大事なことの一つに、将来的に経営をゆだねる人、マネジメントができる経営人材を育てておくことがあります。

しかし、どこの会社を見ても、執行レベルの仕事ができる人は結構いますが、長期でものを考え、舵取りをし、それを実行させられる経営人材はなかなかいません。

なぜか。それは、一つは、それをできそうな人材を育てる、あるいは探すことも難しいからですが、もう一つは、**経営はやってみないと分からないからです。**

執行レベルのことがある程度できても、経営ができるかどうかは別です。長期的な構想力や想像力が必要だからです。それは目の前のことを無難にこなすのとは違う能力です。

やってみて初めてその実力が分かる。ナンバー2として優秀だった人が、いざ社長になったら案外ダメだった、ということがよくあります。

トップになると、長期的にものを考えられる視野の広さや、柔軟性が重要になります。しかし、ずっと執行のことだけ、いわば目の前のことだけ考えてきた人に、突然、「長期的に考えろ」「マクロでものを見ろ」といっても、なかなかうまくできないのです。

長期的にものを考える、マクロ視点でものを捉えるということは、時間をかけて育てていかなくては身につかない資質です。しかも、時間をかけたからといって、みんながみんな、できるようになるわけでもない。持って生まれた資質もあります。

それでも、自分を支えてくれる、さらには10年後の会社を支えてくれる人、長いスパンでの判断ができる人を育てておくことは大切です。

それができると、日々の判断で相談もできる。後継者候補が育てば、10年後、さらにその先のビジョンもより現実味を帯びるからです。

早め早めに、小さく任せよ

社長としては、やはり、できれば社内で次の経営者になれそうな人を育てていきたいでしょう。とくに中小企業の場合、子どもを次期経営者にと考えている経営者は多いです。

そのためには、なんといっても経営は実践ですから、早くから経営会議を体験させ、経営とは実際に何をどのように考えているかを学ばせることです。ただし、他社や自社で現場の下積みを経験させることが大前提です。子供だからと言っていきなり高い地位につけて失敗した事例を私はたくさん知っています。


そして、経営を経験させる際のポイントは**「まず小さく任せてみる」**ことです。

例えば、子会社の経営企画部門を経験させ、実際に経営に参画させてみる。

また、長期的なことを考えるクセをつけるために、新聞や本などをよく読み、関心の幅を広げておくといった思考訓練をする。これはできるだけ長い期間やるようにしたほうがいいと思います。経営戦略論、マーケティング論、ヒューマン・リソース・マネジメントの基本などの勉強も必要です。

とにかく、事前にできることはすべてやっておく。**結局、「準備」が大切なのです。**

そして、ある程度下積みし、勉強もできたら、あとはやらせる。

一倉定先生は、「若いということは、抜擢をためらう理由ではなく、抜擢を決める理由である」と言っています。もはや経営人材にとって、年齢は関係ありません。**経営は、**

責任も重くやることも多く大変ですが、ビジネスの醍醐味を味わえる楽しい仕事です。

あとは苦労することです。親や先代社長がいつまでも面倒を見ていたのでは育ちません。やらせてみる。そしてダメだったら、次の人材を探すのです。経営とは厳しいものです。会社のためです。そのためにも、複数の経営人材を確保しておく必要があるのです。

社内に適切な人材がいない場合は外部の人を登用する方法もあります。

私は友人が経営するプライベート・エクイティ・ファンドの社外役員もしています。会社を買ったら、そこに社長や幹部を派遣するので、日ごろから、そのファンドの社長は、ヘッドハンターや知り合いを通じて、いろいろな人と会って、経営のできそうな優秀な人材にアンテナを張っています。

経営人材というのは、必要になってから見つけようとすると、なかなか適任の人が見つからないものです。優秀な人がいたら、早め早めに目をつけておくべきです。自社で育てるなら、早くから育てておくべきです。

Point

経営目線で物事を考えられる人材を育てるには、十分な準備が必要。

第5章

成功する社長が実践している「良い習慣」

01

社長の習慣が、社員の習慣をつくる

「ほんの少しの心がけ」で、会社は驚くほど変わる

良い習慣、悪い習慣は、日常の仕事に自然とあらわれるもの。
良い習慣を社内に浸透させたければ、まず社長自ら実践することです。

すべての結果は習慣でつくられる

世の中の社長が成功できるかできないかの差は、ほんのちょっとしたことの積み重ねができるかどうかの違いだと私は思っています。

その「紙一重の積み重ね」を自分自身が実践でき、さらには社員に実践させられるか。その力があるかどうかなのです。

例えば、私は「お客さまのことは社内のミーティングでも『お客さま』と呼んでくださ い。取引先の会社名も呼び捨てにするのでなく、『さん付け』してください」と講演やセミナーでも言い、本でも書き続けています。もちろん私の会社でもそうしています。

なぜか。

人は、普段からやっていないことはいざというときにはできないからです。

「客が何を求めているか」

「お客さまが何を求めているか」

この2つの文章を見て、どう感じますか？

口に出して言ってみると、よりはっきりします。

「客が何を求めているか」と言うと、高いところから俯瞰して眺めているような印象があります。「お客さまが何を求めているか」のほうは、腰を低くして相手と向き合っている印象です。

「お客さま」という言葉は、ただ丁寧なだけではないのです。

それを口にすることで、**腰を低くして向き合うという姿勢に通じる**のです。

お客さまの会社の呼び捨ても然り。

「○○が、納入期限を早めてほしいと言ってきたんだけど……」

もうこれだけで、相手をちょっと非難するニュアンスが漂っています。大事なお客さまであるはずなのに、大事にしていない感がありありです。

そういう気持ちは、電話やメールでの交渉のやりとりのなかでも自然と出てしまうものなのです。

普段から「○○さん」と呼んでいる、たったそれだけでも意識は変わるのです。

だから、普段からお客さまを大切にする姿勢を培うためには、「お客さま」「○○さん」と呼んだほうがいいのです。

社長ができていないことは、社員にも身につかない

とくに意識してやろうと思わなくても、自然とできる——それが習慣です。

具体的な行動を習慣づけると、その根幹にある姿勢だとか精神といったものも身についていくのです。

私が長くお付き合いをさせてもらっているある企業は、帰り際にいつも社長さんと会長さんが玄関先まで見送ってくれます。

「いえ、もうここでけっこうですから」と言っても、必ず見送ってくださるのです。

これを見ている社員は、「来訪したお客さまは玄関まできちんとお見送りしなさい」などと言われていなくても、そうすることが当然のマナーなのだなあ、と思っています。

廊下で出会っても、社員が「こんにちは」とか「お世話になっております」と笑顔で

あいさつをしてくれます。もちろん、業績も素晴らしいです。

逆に、百貨店が主な売り先なのに、ずっと百貨店さんを呼び捨てにしていた会社がありました。社長以下、幹部がそのような状態なので私は何度か注意をしましたが、治りませんでした。今は、その会社の業績は不振です。

そして、仕入れ先に対しても同様です。仕入れ先を見下す会社もありますが、ダメな会社です。仕入れ先を「さん付け」で呼んでいる会社は良い会社です。

これらの行動を社長自ら実践し、習慣化していかないと、社員はついてきません。社長が指揮官先頭で実践することで、その会社の社風がつくられていきます。

社員にしても、子どもではないのですから、「お客さまと呼びなさい」「お客さまにきちんと挨拶しなさい」「最後までお見送りしなさい」などと言われるのは気持ちのいいものではありませんが、やらない人には厳しく注意しないとダメです。

社長自身が「やってみせ」、そして注意する。それしか社風は変わりません。

Point

社風を変えるには、社長が率先垂範して行動し、厳しく注意する。

02

「これでいい」と思わず、一歩踏み込む

常により良い未来をつかむ「行動力」の鍛え方

成功する経営者は、現状に満足することがありません。常に「なれる最高の自分」、「なれる最高の会社」を考えなければならないのです。

「一歩踏み込む」習慣は、どうすれば身につくか？

「本当に成功する人は、どんなことでも一歩踏み込む」

これも、私がこれまで多くの成功者を見てきて思うことです。

「これでいい」と満足せず、何事も一歩踏み込むから、広い気づきや成果が得られる。

一方、並みの人は、そこそこ順調になると、そこで満足して、停滞してしまいます。

「Good は Great の敵」なのです。「一歩踏み込む」習慣を持てないのです。

しかし、一歩踏み込むことは実践するのが意外と難しい。

というのは、みんな、そうしたほうがいいのは、なんとなく分かっているのです。けれども、「お客さま第一」と同じで、ともすると「思考停止」になってしまう言葉です。何をすればいいのかが、具体的に分からない、思い浮かばないのです。

だから、これを実践するときには、**一歩踏み込むことを考える際には、「具体化する」という習慣も同時に持たなければなりません。**

例えば、私は、講演会でこの「一歩踏み込む」というお話をするときには、「今日帰ったら、この講演の内容を、数分でいいので振り返ってください。それが一歩踏み込むことです」とお願いします。具体的に示すとやりやすくなりますね。

また、私は、本を読むとき、大事なところに線を引いたり、書き込みしたりします。「大事なことが書いてあったな、どこだったかな?」と探すときに、パッと見つかりやすくなるからです。これも「一歩踏み込む」です。読み返すのも「一歩踏み込む」です。

人の話を聴くときも同じです。

講演をしていると、メモを取りながら聴いている人と、ただ聴いている人がいます。メモなんか取らなくても覚えているから大丈夫、という人もいるかもしれませんが、そのときに自分に気づきをもたらした言葉をメモしていれば、あとで気になったとき、すぐに参考にできます。これも、「一歩踏み込む」ことの具体化です。

このように、その場その場で、「具体化する」ことができれば、一歩踏み込むことが実践しやすくなりますね。**「一歩踏み込む」ことを必ず具体化する習慣を持つのです。**

こんな話もあります。毎月、全員がそれぞれ月間目標を立てている会社がありました。「今月、私はお客さまに対してこういうことをします」といったことを、それぞれ自分で考えて目標にしているのです。

あるときから、その目標達成率がグッと上昇しました。

なぜ上昇したのか、ある社員が、**パソコンの起ち上げ画面に、目標を大きく表示することにした、**というのです。毎朝出勤して、パソコンを起ち上げると、真っ先に今月の目標が目に入る。これを他の社員もマネし始めたのです。

さらに、営業の人など、直行でお客さまのところに行く人たちは、付箋に目標を書いて、手帳の予定を書く見開きページに貼るようにしたといいます。

毎朝必ず月の目標を見ることにより、目標を忘れなくなったのです。目標を達成できない大きな要因は、目標を忘れることです。忘れなくなると、達成率が上がるのです。

これも「どうしたらより良くやれるか」と考え、そのためにできることがあるならやってみる。具体的に「一歩」踏み出した、良い例といえるでしょう。

「思ったことはやる」社長になりなさい

信用できる社長とは「言ったことを必ずやる」人です。信用の「信」という字は「人の言葉」と書きます。言ったことを守ることは信頼を獲得する根本です。

「経営計画で今期はこれをやります」と決めたら、やり抜く。もっと小さなこと、例えば「社員旅行に連れていく」や「飲みに行く」というようなことでも、言ったことは守る。

こういう社長が率いる会社は間違いなく伸びます。

「言ったことはやる」ことのできる人がさらに一歩踏み込んでやっているのは何か。**人に言わなくても、思ったことはやる**ことです。人に言ってしまったからあとには退けないのではなく、人に言わなくても自分で心に決めたことはやる。

このように、**「もう少し何かできないか」と工夫する精神が、行動力をどんどん上げていく**のです。

Point

何事にも一歩踏み込むためには、それを「具体化する」習慣が必要。

03

結果が出る会議を行う

良い会議の条件は「アジェンダ」「議事録」「実行」「チェック」

ムダな会議、無意味な会議に時間を費やしていませんか？
会議一つ取っても、会社の雰囲気や実力が手に取るように分かるものです。

あなたは会議で「独演会」をしていませんか？

ダメな会社は、決まってムダな会議、無意味な会議をしています。

一人一人がメールや文章でも分かることを細々と報告するだけ、それなら、別に集まらなくてもできます。

また、社員が大勢集まると、喜々としての独演会、ワンマンショーを始めたがる社長がいますが、ムダな会議の最たるものです。みんなうんざりしているのですが、誰も止められないのです。もちろん、大切な方針や「意識」を伝えることは大事ですが、それは、独演会とは違います。会議をやることだけが目的化し、社員はその時間を乗りきることだけを考えているような会議もあります。それを平気で続けている会社には、明るい未来はありません。

有意義で生産的な「一歩踏み込んだ」会議にしていかなければなりません。

良い会議には「アジェンダ」が必ずある

では、「一歩踏み込んだ」会議とは？

そもそもなぜ会議をやるのか考えてみましょう。新しい提案をしたり、何かを決めたりして、「これをこのようにやろう！」という意識を共有するのが会議の目的です。

良い会議のために必ずやるべきことの第一が、**「アジェンダ」をつくること**です。

アジェンダとは、何について議論するかの課題項目のこと。

決めなければいけないことは何か、検討すべきことは何か、会議で話し合うべきことを項目立てて、事前に出席メンバーに送り、共有しておく。

アジェンダがあれば、出席者はそれぞれの事案に対して自分の考えを事前に整理することもできますし、質問したいこと、確認したいことなどを用意しておくこともできます。

アジェンダがあるかないかで、会議の効率は大きく変わります。

さすがに最近は減りましたが、以前は会議の開始時間だけが知らされ、何時間で終わるのかが分からないという企業がありました。終わる時間を事前に決めておらず、ダラダラとやっていたのです。

いまはそういうことは少なくなりましたが、アジェンダのもと、テンポよく進めれば1時間半もあれば終わるところを、3時間くらい予定しているようなところはまだまだたくさんあります。時間は大切な資源です。それも多くの人が参加するならなおさらです。

議事録をまとめ、やるべきことを可視化すべし

次にやるべきことは、**会議の内容は必ず議事録にまとめ、会議に出た全員が共有できるようにする**ことです。

これは、記録することが目的ではなく、「会議で何を決め、何をやることになったか？」を共有するためです。会議は話し合って終わり、決めて終わりではありません。話し合い、何かを決めたということは、その時点で「これから何をやるか」が確定したということです。それによって、自分が今後何をやるべきかが決まるわけですから、それを各人に自覚してもらわなければなりません。

要するに、**会議で決まったことにより、「自分や自部門は何をやらないといけないか」ということを確認できるようにするために、議事録を共有する**のです。議事録作成を若

い人に任せると、それもその人にとって、とても良い勉強になります。

そして、**それを実行する。**会議はやりっぱなし、言いっぱなしではダメです。実行するために会議をしているのですから、決まったことはやらなければいけません。

ひどい場合は、次の会議の席で、「あれ、どうなっていた?」「あっ、まだ動けていません……」ということが繰り返されていくのです。実行を習慣づけるためには、チェックが必ず必要です。決めたことの進捗を必ずチェックする。ＰＤＣＡです。

ちなみに、社長はどんなときも会議には自分の仮説(＝意見)を持って臨むべきです。

ただし、先にそれを言ってしまうと、みんなが意見を言わなくなってしまうので、自分から先には言わないほうがいいです。自分の仮説に間違いもありますから、衆知を集めて、それを検証するのです。違っていれば、素直に修正する。

逆に、自分の仮説を持たずに、誰かの意見に乗っかって物事を決めてしまうような社長なら、社長の存在意義はありません。

Point

良い会議は、アジェンダ・議事録の用意と、その後の実行、チェックの徹底がセットになっている。

04

できる社長は「具体化力」がすごい

具体的に「数字」「根拠」を示して、分かりやすく伝えるべし

一流の社長は、漠然とした言い方、曖昧な表現は使いません。端的かつシンプルな伝え方をするのも、一流の社長の条件です。

話に具体性がなければ、何も伝わらない、変わらない

ダメなリーダーは、漠然としたことしか言いません。

例えば、営業成績が良くない部下がいたとします。

「もうちょっと頑張れよ」、「はい、分かりました」

これは、無意味なやりとりの典型です。「もうちょっと」では、何を、どのくらい、どう頑張ればいいのか、まったく分かりません。

ぼんやりしたことしか言わない上司も上司なら、「分かりました」と答える部下も部下です。ただ分かったふりをして、この場をしのごうとしているだけです。

お客さま訪問の数を増やすのか、それとも、訪問数を減らしてもいいから、提案力を上げるのか。**具体性のある話をしなければ、何も変えていくことはできません。**

ここまで話してきた「お客さま第一」や「一歩踏み込む」も同じです。それを言って反論する人はいないので、具体化しないと「思考停止語」になってしまうのです。

形容詞を使わず、数字で考える

会議に出ていると、「もう少し価格が安ければ売れるのに」という話が出ますが、こういう発言が出ると、私は必ず尋ねます。

「『もう少し』というのは、具体的にはいくらですか？　あと何円安ければ売れるのですか？」

このように、「もう少し」とあやふやな言い方をするクセがついてしまうと、具体的な解決策に落とし込めなくなってしまいます。

これが「あと何円」とはっきり数字にできれば、そのためにはどこをどう削る工夫をしたらいいかということを考えることができるようになります。

つまり、**数字で考えるクセをつけると、話は具体的に進む**のです。

これと同じように、競合他社との比較を、どっちが「安い、高い」「多い、少ない」「遅い、早い」といった**形容詞だけで語るのも危険です。**

これだけでは具体的な比較になっていないからです。

いくら高いのか、どのくらい多いのか、どのくらい早いのかというところをきちんとリサーチして数字で表現しないと、どうしていけばいいかという具体的な対応策は考えようがありません。

普段から数字で表現することを意識していない人は、的確な行動ができない人です。

だからこそ、具体的にものを考える、とくに数字でものを考える、数字に落とし込んで話をする習慣づけは、経営者にはとても重要です。もちろん、部下にもそうさせるのです。会議で、あいまいな言葉が出たら、「具体的には?」と必ず質問するのです。

「なぜそう思うのか?」根拠をはっきり示す

では、とにかく数字を挙げておけばいいのか。

実はそれだけでもまだ不十分です。

当然ながら、そこには**「なぜその数字にするのか」という根拠が必要**です。

なぜそうする必要があるのか、みんなが納得できる根拠を示せれば、より社員も動きやすくなります。

例えば、「ある商品の原価を5％下げたい。なぜなら、それが達成できると、ライバルの○○社より、高品質の商品を低価格で提供でき、お客さまにこれまで以上に喜んでいただけるQPSを提供できるからだ」と言われたら、どうでしょうか。

こういう話だったら、社員の納得度、モチベーションも上がります。

そういう具体性がないまま、ただ「原価を下げろ」と言うのでは、やる気が出ません。

根拠がはっきりしていないと、数字だけが一人歩きし、空回りしてしまいます。せっかく数字で表現しても、それでは逆効果です。経営者に対する信頼感が失墜してしまう可能性もあります。

数字は明確な根拠とセットで、意味を持つものなのです。

数字に強く、その根拠を論理的に説明でき、そのために何をしたらいいかを具体的に話せるリーダーが、人がついてくるリーダーなのです。

Point

経営者は、曖昧なものの言い方はせず、言葉に具体性を持たせる。部下にもそうさせる。

05

仕事のことを「いつも」考えている

心の底から「仕事が好き」と思えないと一流にはなれない

一流の経営者は、とことん仕事が好きな人ばかり。経営をかけがえのない一生の仕事と考えるので、やり続けられるのです。

できる社長は「どんなときでも仕事が頭から離れない」

「休みのときぐらい、仕事のことを忘れなさい」

こんなことを言う上司が時々いますが、こういう人は、本質的に仕事が嫌いな人です。すべてを忘れてなどというのは、間違いです。好きなことなら、頭から離れないはずです。同

もちろん、肉体的には休養、それも十分な休養は必要です。気分転換も必要です。同じことばっかりしていては、良い発想も浮かびません。

しかし、**オンであろうがオフであろうが、四六時中、頭のどこかで経営のことを考えてしまう、という人でないと、経営者には向きません。**仕事が好きでないとうまくいき

ません。

プロ野球の選手が、試合のない日は野球のことを一切忘れるというのは、一流選手ではとてもまれでしょう。好きな人のことはずっと考えているし、ディズニーランドやゴルフを好きな人は、ずっとそれが頭から離れないのではないでしょうか。そして、それは苦痛ではないはずです。むしろ、それを考えているのは楽しいはずです。好きだからです。

松下幸之助さんは言っています。

「体は休息させたり、遊ばせたりしていてもいいが、心まで休ませ、遊んでいるということであってはならない」「つねに心を働かせていなくてはいけない」

柳井正さんもこう言っています。

「僕は仕事が一番楽しい。どんなことよりも面白い。ゴルフをやるより、仕事の方がはるかに充実します」

一流になる人は、能力もあり、努力もしていますが、その根底には、「これが本当に好きだ」「自分の生きがいだ」という強い思いがある。

だから、全身全霊で取り組むことができるのです。これはどんな職業でも同じだと思います。

どんな世界も厳しい。そこで本物になって活躍する人は、本当にそれが好きで、とことんやれる人なのです。

稲盛流成功の方程式「考え方×熱意×能力」

「好き」ということと関連して、「考え方」ということがとても大切です。

稲盛和夫さんがそのことを、人生の方程式として説明されています。

先にも少し触れましたが、それは**「考え方×熱意×能力」**です。

人生や仕事の結果は、考え方、熱意、能力の3つの要素のかけ算で決まる。なかでも考え方は生きる姿勢であり、マイナス100点からプラス100点まである。——いまやすっかり有名になった方程式です。

熱意や能力も必要ですが、マイナス点はありません。一番重要なのが考え方で、どんなに熱意や能力があっても、考え方がマイナスだったら、マイナスになってしまう。つまり、成功から遠ざかってしまうわけです。だから、経営者として成功したいなら、経営者としての正しい考え方を身に着けなくてはいけない。

もちろん、経営者としての実務的な能力も必要で、業界のことや、マーケティングや会計など、技術的なことも勉強して自分を磨いていかなくてはいけない。

では、熱意はどうか。冷めている人では成功はおぼつきませんね。

これについても、稲盛さんが素晴らしいことをおっしゃっています。

「自ら燃える『自燃性の人間』になれ」

どういうことかというと、ものには、「可燃性」「不燃性」「自燃性」がある。人間も、火を近づけると燃え上がるタイプの「可燃性」の人、火を近づけても燃え上がらない「不燃性」の人、自分で燃え上がる「自燃性」の人がいて、何かをなしとげようとする人は、自燃の情熱を持たなければいけない、ということです。

自分で自分のエネルギーをかきたてられるようになることが大事なのです。

がむしゃらにやった先にあるもの

では、どうすれば自分のエネルギーをかきたてられる「自燃性」の人になれるのか。

それは**「がむしゃらにやる」**ことなのです。

先に、私の銀行員時代の話をしましたが、アメリカのビジネススクールに留学していたときは、人生でこんなに勉強したことはない、というくらい必死で勉強しました。

そして帰国し、営業の第一線でバリバリ働きたいと思っていたところが、配属先はシステム部。最初はなぜこんなところに配属されたのかとも思いました。

しかし、この際とことんやってやろうと勉強し、難関だった情報処理技術者特種の資格を取得することができました。システムの仕事の面白さに目覚めたのは、そのときです。

私は知らないこと、できないことをそのままにしておくのが嫌いな性分です。そういう負けん気の強い性格、そしてアメリカ留学時代にがむしゃらに勉強した経験も役立ったのでしょう。**最初から面白かったのではなく、一生懸命にやっているうちに、どんどん面白さが分かってきた**のです。どんなことにも奥深さがあるからです。それを知ると面白い。

これは異動してM&Aの仕事に携わるようになったときも同じでした。海外企業と渉り合わなければいけないので、時差もあり、語学のこともあり、仕事量も多くとてもハードでした。ところが、やっているうちにこれがまた面白くてたまらなくなった。

ニューヨークへの出張の帰り、たまたま飛行機で隣に乗り合わせたのが、先ごろ惜しくも亡くなられてしまった岡本行夫さんで、岡本さんとそこで知り合ったことがきっかけとなって、私は銀行を辞めてコンサルティング業に進むことになったのです。

結局、**その場その場でとことんやったことが人生を良い方向に変えてきました。**

そういう意味では、その場その場で与えられたことを全力でやる。全力でやっていると、いつのまにか面白さにはまっていく、世間も評価するという流れになるのではないでしょうか。

価値観が多様化している時代ですから、仕事に対してどういう姿勢で取り組むかはさまざまだと思います。決まった時間内だけきっちり働いて、それ以外の時間は私的なやりたいことに費やしたい、それもけっこうです。

しかし、**経営者として成功を目指すのであれば、いつも仕事のことを考えているという熱い情熱を持ち続けている人でなければなりません。**

中途半端な気持ちでやられたら、巻き込まれた人がたまりません。経営という仕事は、たくさんの人を喜ばせ、幸せにすることができる一方で、失敗すれば、多くの人を不幸の道連れにしてしまいます。だから、覚悟と情熱が必要なのです。

楽ではないことをとことん楽しんでやれる、そういう人が成功をつかめるのです。スポーツ選手でも芸術家でも社長でも、皆、同じなのではないでしょうか。

Point

がむしゃらになってやったことの先に面白さ、楽しさ、世間の評価がある。

06

「まだまだ素直さが足りない」と思っている

とらわれない心のために「素直さ、謙虚さ」を磨く

「自分は素直な人間だ」と胸を張っているような人がいたら、それは、本当の素直さや謙虚さにはまだまだ遠いと言わざるを得ません。

「素直さ」とは何なのか

「素直さ」というと、どんなイメージがありますか？

従順で、逆らわずによく言うことを聞く子どもを「素直だね」と言ったりしますが、本来、素直とは従順なことではありません。

素直さとは、なんの偏見も思い込みもない、とらわれない心の状態のことです。

松下幸之助さんは、素直な心をたいへん大事にされていて、「各界各分野の指導者の立場にある人びとにとっては、素直な心をもつということがまず第一に肝要なことだ」「指導者に素直な心があれば、物事の正しい実相をつかむことができます」と言ってい

ます。

また、「自分はぜひ素直な心になりたい、というようなことを朝夕くり返し心に思い浮かべていく」「きのうの行ない、きょうの行ないに素直な心が働いていたかどうかをよく検討し、反省をする」とも言い、「そういう姿を一年、二年、三年と続けて、約三十年を経たならば、やがては素直の初段ともいうべき段階に到達することもできるのではないかと思うのです」とまでおっしゃっています。

「素直な心」になる道は、そのくらい厳しく、難しいということなのです。

経営者になぜ「素直さ」が必要なのか

例えば、仕事のうえで経験も積み、実績も上げ、自信もついてくると、人が何か言ってくれても「いや、これでいいんだ」と撥ね返してしまうことがあります。自分のほうが正しいと思い込み、そこに疑問を持とうとしないまま、撥ねつけてしまう。もちろん、原理原則や生き方を十分に学んだ人が、そちらに照らしてダメだというのなら、まだ理はあります。しかし、それでも、相手から学ぶことはあるのです。

相手の言葉を受け入れることができないのは、素直さがないからです。

言い換えれば、勝手な思い込みにとらわれているのです。

自分には知らないこと、分からないことがたくさんある、ひょっとしたら大事なアドバイスかもしれない、という気持ちで耳を傾けられるか。

それが大事なアドバイスかどうかは、聞いてみないと分からないわけです。

素直でなければ、人の知恵を活かせない。

若いころは、けっこうみんな素直に人の話を聞こうとします。知識も経験も浅い。逆にいうと、思い込みもないので、素直になれるのです。

やがて仕事に慣れ、自信がついてくる。経験が豊富になり、地位が上がると、だんだん「他の人よりも自分のほうがよく分かっている」という気になりやすくなります。

経営者ともなると、会社で一番権限を持ち、諸々の決断を下す立場です。

経験を積むほど、年を重ねるほど、素直さを失ってしまいやすいのです。

松下幸之助さんは言っています。

「素直さを失ったとき、逆境は卑屈を生み、順境は自惚を生む」

順境であっても、逆境であっても、素直な心を失ってしまったら、判断を誤る。失敗するのです。経営者が判断を誤って失敗したら――ヘタをすれば、会社はつぶれます。

素直さという言葉は、簡単に使われますが、奥はとてつもなく深いものです。

自分は賢い、何でも知っていると思っている人は、勉強しようとしないものです。まだ知らないことばかりだ、もっと知りたいと思うから勉強しなくては、と思う。

同じように、自分はもう十分素直だと思っている人は、素直さが伸びないのです。だから、自分はまだまだ素直さが足りない、と思っていたほうがいいのです。

謙虚、素直でありたいと努力する人が成功する

素直さと謙虚さは深くつながっています。

「社長、社長」と呼ばれていると、知らず知らずのうちに自分が偉くなったような気になってしまうのです。そして、傲慢になったり、横柄になったりしてしまう人がいます。これは謙虚さの対極です。

謙虚さのない人は、人を受け入れようとする姿勢がないので、素直さもありません。

とくに権威主義の人は始末が悪い。地位や立場を笠に着て威圧的に振る舞い、人の言うことに耳を貸さなくなります。

いかにして、そうならないようにするか。

謙虚であり続けよう、素直でありたいと努力をし続けることです。

素直でありたいと思っている人は、偉ぶろうとしません。

肩書にこだわらず、誰に対しても気さくに、謙虚に接することを心がけています。

そうしないと、自分を伸ばせず、また、能力のある人に出会うチャンスを逸してしまうからです。

もちろん、いつも有益な話ばかりとは限りません。すべてを鵜呑みにして受け入れていいわけではなく、「これは受け入れるに値することだろうか？」と吟味しなくてはいけません。そのためには、自身で生き方や原理原則を学ばなければならないのです。

逆に、自分の中に価値観の基準を持ち、日々たくさんの情報に触れ、素直なとらわれない気持ちを持っていれば、吟味する目も磨かれていくでしょう。

いろいろな人の話を聞いて、まずは受け入れ、そこから吟味して大事なことを吸収していく。**素直な人は、どんどん成長していけます。**

素直で謙虚であることは、人間の器もどんどん広げて大きくしていける。

また、気さくに話をよく聞いて、コミュニケーションがとれていれば、人がますます協力してくれるようになります。

そして、素直というのは、受け入れるとともに、それに**前向きに対応する**ことだとも松下さんは述べておられます。

素直であることは、成功するための大切な条件なのです。

謙虚で素直な人は「畏れる存在」を持っている

成功している経営者の中には、信心深い方やゲン担ぎをされる方がけっこういます。

私は、それは素直さや謙虚さと関係しているのではないかと思っています。

成功している人は、自分の力だけで現在があるとは思っていません。運だとか、巡り合わせといったものの恩恵に助けられていると思っているので、「自分は運が良かっただけだ」とよく言います。つまり、感謝や畏敬の気持ちを強く持っているのです。

実は、これがとても大切なことで、**人間ではコントロールできない偉大な力があると思っていれば、謙虚にならざるを得ません。**

自分の非力さを感じ、畏れる気持ちを持っていれば常に謙虚でいられます。自分たちで何でもコントロールできるような気になってしまうと、ろくなことになりません。

「実るほど、首を垂れる稲穂かな」ですね。

Point

「自分はまだ素直さが全然足りない」と謙虚な気持ちでいないと、素直さは伸びない。

07

「成功」のためのルーティンを持っている

忙しさのなかでも「自分の軸を見失わない習慣」を身につける

社長は日々多忙で、ストレスの多い生活になりがちです。
だからこそ、「心を整える習慣」を持つことをお勧めします。

複雑な世の中を複雑なまま理解する思考力を高める

私たちは、どんどん「分かりやすさ」や「簡便さ」を求めるようになっています。簡単に分かること、簡単にできることが好まれるようになっていますが、これが要注意なのです。本も読みやすい本が好まれますし、日常生活においても、自動改札機やコンビニでの電子マネー決済など、とても簡単です。

しかし、**世の中は、実際は複雑です。経営者には複雑なことを複雑なままに理解する能力が必要なのです。**

勉強すればするほど、分からないことが増えますが、それが大切なのです。

それには、「どこが分からないか」を理解できる必要があるのです。本当に大事なのはこのことです。素直さ、謙虚さで言ったように、「自分には理解できないことがある」と思っていることが、真摯に学ぼうという意欲を高めるのです。

私は、ときどき、評判の良い**難解な本を読む**ことにしています。理解力を高めるためです。自分が理解できていないことは何か、分からないこと、知らないことは何かを学びながら、理解力を高め、本当に自分の知識にするためです。

難しい本は1回読むだけでなく、2度、3度と読み返すことになります。そうすると、最初に読んだときには分からなかったことが分かったりもします。3度目読んだからもう十分かというとそうではなく、4度目に読んだら、もっと理解が進むかもしれないと思うわけです。

思考を深めるトレーニングになるのは、そういう本の読み方をするときです。

良いときも悪いときも反省する

「反省」も大切です。松下幸之助さんは、自分を客観的に見つめることを**「自己観照」**と言っています。自分本位になっていないか、何かにとらわれていないか、自分の心を一度自分の外に出して、冷静に見つめてみることです。

反省を日々繰り返していると、自分の間違いに気づくようになってきます。私は、「自分で自分を笑える人は強い」という話をよくしますが、自分を客観的に見つめられない人は、自分で自分を笑えないのです。

しかし、それでは正しい分析はできていないのです。たいがいの人は、うまくいかなかったときしか反省しません。しかし、**反省で大切なのは、うまくいかなかったときだけでなく、うまくいったときも振り返ってみること**です。

「素直さ、謙虚さ」のところで少し触れたように、物事は自分たちの実力だけでなく、たまたま運が良かった、ということがあるものです。新型コロナウイルスのような一時的な環境変化で突然ニーズが高まったとか、ライバルが低調だったので相対的に結果が良くなったといったことです。

運には再現性はありません。ですから、「今回うまくいったのはどうしてなのか」を、冷静に分析しておいたほうがいいのです。

それをせずに、「あのときはうまくいった」と自分たちの実力による成功体験のように認識していると、同じことをやっても今度はうまくいかないということになります。

良いときも悪いときも、成功したときも失敗したときも、反省をしたほうがいいのです。

3年連用日記で1年前、2年前まで振り返る

私は3年連用日記帳を使って28年、いま10冊目です。

どこに行った、何をした、誰に会ったというような簡単な記録ですが、3年連用なので、自然と1年前にやっていたこと、2年前にやっていたことが目に入ってきます。

「あのとき、あの人にお世話になったんだった。しばらくご無沙汰してしまっているけれど、お変わりないだろうか」と思ったら、メールを出したり、電話をかけたりします。

「昨年も同じ時期にこの講演があったけれど、反省点があったんだよなあ」と思い出すこともあります。時間の経過の速さに驚くこともあります。

人は、過ぎ去ったことはすぐ忘れてしまいます。大事なことも忘れるし、変えてはいけないものの考え方が変わっていくこともあります。

今日を振り返るとともに、大事なことを忘れていないかを振り返る意味で、私は3年連用日記を使い続けています。

ネガティブな感情を一瞬で切り替えられるシンプルな方法

どんな人でも、常にポジティブでいられるものではありませんね。

怒り、不安、焦り、嫉妬……といったネガティブ感情が湧きます。人の心は、ネガティブな感情のほうが優先順位が高いため、抑えるのはなかなか難しいのです。

しかし、感情を抑えるのは難しいけれど、切り替えることはできると、若いころに読んだ本に書かれていて、その方法を一年間ほど試してみたことがありました。

手首に輪ゴムをはめておいて、ネガティブな感情が出たら、輪ゴムを引っ張ってパチンとやる。刺激を与えることで、感情をリセットするのです。

何ということもない動作ですが、これだけでネガティブな感情をいつまでも引きずらない練習になるので、気持ちの切り替え方がうまくなります。今では、輪ゴムを使わなくても、「こんなことを考えていても仕方がない」と思い直すことで、ネガティブな感情を断ち切れます。

「生き方を学ぶ師」を持つ

経営者というのは、経営のことだけ分かっていればできるというものではないことをもう十分理解していただけたと思います。どういう生き方の指針を持っているか、どんな心構えで生きているかがとても大切なのです。

人としての正しい生き方、望ましい生き方をしっかりと持っていなくては成功できない。そのために普遍的な思想や哲学を学ばなくてはいけない。だから、古典を読もう、自分にとっての座右の書を持とう、と提案しているわけです。

できることならば、**本を読むだけでなく、やはり生身の先生、生きた心の師匠を持てると、たいへん心強い**です。

私自身、何度かお話ししてきたように、藤本幸邦先生と知り合うことができ、その薫陶を受けたことが、本当に自分の財産になっています。スティーブ・ジョブズが、日本人の禅僧を師として仰いでいたこともたいへんよく知られています。稲盛和夫さんは得度されているわけですから、当然、仏道の師がおられるはずです。

人との出会いは運と縁ですから、人生を学ぶ師匠がそう簡単に見つかるとは言えませんが、自分を高めていれば、必ず良い出会いがあります。

それには、ベースのところで松下幸之助さんの言うように、**素直で謙虚でいなければいけない**と思います。結局はそこに尽きるのです。

Point

良いリーダーは、生き方も含めて、尊敬され、慕われる能力を持っているもの。

第6章

こんな時、できる社長はどうする？

～シチュエーション別解決策～

01

不祥事対応は「誠実さ」が命！

会社を守りたかったら、お客さま目線を忘れるな

ある日起きてしまった、まさかの不祥事。
肝心なのは、発覚してからの対応力です。

会社、社員に不祥事があったとき、どう対応すべきか

不祥事など起きないほうがいいことは当然なのですが、**問題は、発覚したあとに会社としてどう対応するか、**です。

対応がまずければ、批判が高まり、社会的信用を失墜させることになります。
その後の対応力が、会社の命運を大きく分けることになるのです。

一番大切なことは、誠実に、真摯に対応することです。その際のポイントは2つ。

1. 社長が自ら矢面に立ち、きちんと謝罪等の対応をする

2. 隠し立てしない、ウソをつかない

社長がトップとしての責任を果たそうとせず、担当する部門長などに任せて雲隠れしているのは、逃げている、誠実ではない、と見られます。とくに中小企業ではそうです。内部調査中だった場合、すべてが明らかになっていないため話せないといった事情もあるかもしれませんが、ウソをついたり、隠しごとをしたりすると、結局は事実がバレて、その隠蔽体質も批判されることになります。

実際は組織ぐるみで行っていたことなのに、特定の社員の個人的な行為だったように言ったりするのは、とくにまずいです。談合などでよくみられることです。事実に反して責任を押しつけられた人がいれば、その問題は必ずどこかで発覚します。あとから、「実はこうでした」「こんなこともやっていました」ということが芋づる式に露見するような会社は、「まだ他にも何かあるのではないか」「まだ隠していることがあるのだろう」という印象を強めます。やっていないことまでバッシングの対象となるのです。

たとえ、社長自身は知らなかったことがあったにしても、会社の責任者は社長です。自社の非をきちんと認めて謝罪をすることが重要です。

保身ではなく、お客さまの安全を考えているか

以前は、ある程度以上の大企業でないとマスコミも取り上げなかったのですが、いまはニュースをみんながネットで見る時代です。SNSで小さく誰かが言ったことが、あっという間に拡散され、それが会社の評判に著しく影響します。

マスコミに対してどう対応すればいいか、ネットの評判にはどう対応するのがいいのか、普段からの準備が必要です。

ただし、マニュアルを準備すれば、ある程度の望ましい対応方法が書かれているでしょうが、それをそのとおりにやればいいわけではありません。

一番見られているのは、その会社の姿勢です。

トラブルが起きたとき、とっさに会社の保身を考えるのか。それとも、まず、お客さまや社会のことを考えられるか。どうしたら自分たちが損をしなくて済むか、ということを真っ先に考えるような会社はダメです。

例えば、異物混入事故が起きてしまったとしたら、迅速に謝罪会見を開き、原因が分

かるまでは、工場の操業停止、製品回収などの具体的な対応策をきちんと講ずる。お客さまの安全のため、そして不安回避のために即座にそういうことができる会社は、信用できる会社です。そのためには、普段からの準備と、資金と心の余裕が必要です。

その事故によって被害や影響を受けた人の立場になって、考えられるか。

相手の心情を思いやれず、自分たちの論理、自分たちの都合を優先させる会社は、どんなに礼儀正しく対応しても、不誠実、不遜に感じられるのです。

結局、**会社とは自分たちのためのものではなく、社会のためのものだということが分かっているかどうか**、ということです。

お客さま本位の姿勢ができているか、自分たち本意の組織になっていないか——トラブルが起きたときこそ、会社の姿勢、組織体質の真髄が見えてくるものなのです。

社長の覚悟のほどがはっきりと透けて見えるときでもあります。

Point

不祥事の際は迅速に社長自身が表に出て、誠実に謝罪し、自社の保身の前に、お客さまや社会のことを第一に考えるべき。

02

事業拡大、縮小のタイミングの見極め方

経営判断に迷うとき、何を基準に判断したらいいのか

「この事業、ここで拡大戦略をとって大丈夫か？」
決断に迷いがあるときに優先的に考えるべきことは何か。

世の中の大きな流れに従い、高い目標を「ビジョン」として掲げる

一口に事業拡大、縮小のタイミングについて語るのはなかなか難しいことですが、基本的な考えとして、自分が決めなくてはいけないと考えるのではなく、**「世の中が決めてくれる」と思えばいい**のです。

自社が提供している商品やサービスが、本当に世の中に合っていたら、「もっとほしい、もっとほしい」と求められます。何か仕掛けをしたわけでもないのに、需要が伸びていたら、それは自然の摂理。拡大すればいいと思います。

当然、その逆もあります。自分たちは良い商品だと自信を持っているのに、全然売れ

ない。それは、世の中から求められない要素が必ず何かあるのです。

ここでも、マーケティングとイノベーションです。

そして、世の中のニーズに合っていると思ったら、高い目標を設定するのです。長期的な「ビジョン(将来構想)」です。「シェアナンバーワンになる」「業界最高水準の技術力を持つ」などです。ビジョンを掲げたら、それに向かって邁進するのです。

自社の「弾み車」を把握せよ

私がよくお薦めしている『ビジョナリー・カンパニー2』(ジム・コリンズ著、山岡洋一訳、日経BP社)という本があります。

その中に、何がその会社を飛躍させる「弾み車」になるかという内容があるのですが、その部分だけが抜粋されて、最近『ビジョナリー・カンパニー 弾み車の法則』(ジム・コリンズ著、土方奈美訳、日経BP社)として出版されました。

弾み車とは、売上が飛躍的に上がるような仕組みやプロセスです。

自社の弾み車になり得るのは何なのか。

それが分かっていないのであれば、見つけ出すことです。弾み車になると確信できれば、積極的に資源を投入する覚悟もできるのではないでしょうか。

ただし、あまり攻めすぎると、安全性を損なうこともあり得ます。だから、自己資本比率等を踏まえたうえで、財務的なバランスを崩さない範囲でチャレンジするのがいいと思います。

最近、私が面白いと思ったのは、ワークマンです。いま、アパレル業界は軒並み大打撃です。新型コロナウイルスの影響で多くが利益を下げているなか、ワークマンは２０２０年の上半期、確実に売上を伸ばしました。

もともと作業服専門店だったワークマンが飛躍的に伸びているのはなぜなのか。

その理由は、大きく次の２つだというのです。

1．強みを活かした
2．売り方を変えた

まずは、強みを活かした改革。作業服というのは、耐久性、防水や撥水などの機能性が優れているわけです。それを活かして、カジュアルウエア、アウトドアウエア、防水ウエアというプライベートブランドを起ち上げました。

価格もリーズナブルで、お客さまの求めるＱＰＳが変わったとも言えます。

もう一つが、売り方の改革。どこの店舗も同じ品揃えにするのではなく、アウトドアウエアやレインウエアを集めた業態の店と、従来型の店とで、取扱商品をはっきりと区別したのです。

これが当たり、従来ワークマンの客層ではなかった一般女性客が急速に増え、「ワークマン女子」という言葉まで生まれました。これこそ、弾み車を見つけ出した例といえるでしょう。こうなると、積極的に資源投入していくことができるわけです。

拡大、縮小といったことは、売れ方で変わる。結果で変わるもの。

良い商品、良いサービスを提供して高収益のために何をすべきかを見据えることができたら、拡大したらいいのか、縮小したらいいのかはおのずと見えてきます。

しかし、拡大する際にも「いきなりステーキ」の例でも分かるように、無謀ではダメなのです。緻密に計画を立てて、その上で大胆にやるのです。

一方、自社の経営が拡大によりバランスを崩したなと思ったら、**踊り場をつくる**こと。場合によっては縮小することも検討するべきです。

撤退や縮小のときは何を考えるべきか

撤退や縮小を判断する基準は、**将来、キャッシュフローを生むかどうか**が決め手になります。

早めにやったほうがいいのですが、退却、売却、縮小などの決断は、なかなか難しい。この際も緻密に考えることが大切ですが、縮小時にはパニックになっていることも多く、社外役員やコンサルタント、税理士などに相談したほうがいいことも少なくありません。

もし、私が社外役員を務めている会社でそういうことがあったら、私は「こうするのがいいのではないでしょうか？」とはっきり指摘します。

ただし、その意見を受け入れるかどうかは、経営者の判断です。聞く耳を持っている場合もあれば、それでもやっぱり自分の思いや考えを貫こうとする経営者の方もいます。経営者の最終判断が、私の意見とは相反することになっても、それはそれとしてやむを得ないことだと思います。リスクやその後の結果はすべて経営者が責任を持っているわけですからね。

ただし、本当に重要なことで、聞き入れていただけないのであれば、同じ船に乗っていられません。私はいままで、取締役会の場で社外取締役を辞任したことが二度あります。経営コンサルタントとして、私が見ている会社がもしもつぶれるようなことになったら、私を信用してくれている他のお客さまにも迷惑がかかります。だから、**言っても聞**

く耳を持たないところとは、袂を分かちます。

私も自分の考えが100%正しいと頑なに言い張るつもりはありませんが、「これは危険だ」ということを察知する力は、経験的にあると思っています。ですから、警告を受け入れられないというなら、仕方ありません。

もう一つ言うならば、こういった「拡大するか」「縮小するか」といったことを考えるときは、**将来、経営を担っていく人を、議論の場に入れておくことが大切**です。

まともに議論が行われている会社なら、経営というのは、こういう視点、ああいう視点、いろいろな切り口で多面的に考えていかなければいけないことがよく分かる。経営のことを実践的に学ぶ絶好の機会になるわけです。

その議論の場に将来の経営人材を立ち会わせる。場合によっては、拡大する事業の一部でも舵取り役を任せる、ということだってあるかもしれません。

経営の実践での考え方を実体験で知ることが、経営人材を育てるのです。

Point

事業拡大、縮小のタイミングは、世の中、お客さまの流れに従う。

03

「腹を割って話せる相手」は必要か？

厳しい目で客観的な指摘をしてくれる相談相手はいるか？

仕事上で悩みがあっても話せる相手がいない……。
孤独な存在である社長は、相談相手を持つべきなのでしょうか。

「社長は孤独で当たり前」と割り切るべし

「腹を割って相談できる相手がいない。どうやって客観的目線を保つべきか」

これは、多くの社長が感じていることだと思います。

松下幸之助さんが自己観照ということを言っていたのも、自分で自身を律し、さらに客観的に見つめ直すことが大事だと日々感じていたからでしょう。

社内に腹を割って話せる相手がいない。これは当然のことです。

大企業のサラリーマン社長は別ですが、基本的に社長は雇用者、それ以外の社員は被雇用者です。大きな権力を持ち、お金を支払う側と受け取る側、この立場の違いは歴然とある。

社長が、本心をすべてさらけ出せる社員がいたら、とても素晴らしいですが、まずいません。あるいはまた、社長が何でも話す絶対的に信用を置ける相手が社内にいたら、その人も絶大な力を持つことになるので、これはこれでまた大変なことになります。

ことによったら、権力抗争に発展したり、クーデターまがいのことが起きないとも限りません。

社長は孤独で当たり前。社内に個人的に親しい人などつくらないほうがいいのです。

社外に経営を理解できる相談相手を持つ

では、社外に相談相手を持つのはどうか。例えば、社長には、会社のことでオフィシャルにお世話になっている会計士さん、社労士さん、経営コンサルタントといった人がいるはずです。そういうなかで、話しやすい人に相談相手になってもらうというのが、一番考えやすいパターンです。社外取締役などになってもらうこともあるでしょう。

経営のことが分かっている、会社の状況もよく分かっている、信頼できるからそこにお願いしているのでしょうから、社長の相談相手に格好だと思います。まったく会社のことを知らない人にも相談はできますが、やはり、ある程度自社のことを知っていて、経営の原理原則も分かり、かつ、適度な距離感がある人がいいと私は考えています。

注意すべきは、社長が個人的に頼むわけではないということ。あくまでも「For the company」ということで厳しいことを言ってくれる人がいいのです。

私は社外役員している会社も、顧問している会社も、社長に雇われていると思ったことはまったくありません。常に、会社に雇われていると考えています。厳しく言うことで会社が良くなればいい、そのことだけを考えています。結果的に、社長のためにもなります。

「For the company」意識だと、厳しいことをきちんと言える。

社長と親しくなって、あわよくば何か恩恵を被りたいと思っている人は、厳しいことは言えません。社長をチヤホヤして、気分を良くさせることばかり言うのです。

経営者仲間で友だちをつくる

一倉定先生は**「経営者仲間で、本当の友だちをつくりなさい」**ということを言っておられました。

経営者仲間は、実際に自分も経営をしている。業種は異なれども、5年、10年つき合っていたら、会社のことも分かります。

ですから、経営者仲間を社外取締役にしている人はけっこういます。

さらには、社長仲間での勉強会も有効です。

一倉先生が亡くなってからすでに20年以上経つのですが、一倉先生に指導を受けていた経営者の方たちの勉強会が、いまも各地に存続しています。

何をしているかというと、経営の勉強を続けるとともに、**社長同士、仲間でお互いの会社のことを見ている**のです。なかには、財務諸表まで見せ合っている社長さんたちもいます。一倉先生の会に限らず、他にもこういう勉強会が長く続いているのを私は知っています。

向上心が絆になっている。切磋琢磨して、お互いの会社をお互いに良くしていこうという意識を持っている仲間が、そこにはいるわけです。

それは、とても良い、理想的な関係ではないかと、私は思っています。

Point

社長は、相談相手を社外に持つべし。素直な心で、耳の痛いことも受け入れる、聞く度量を持つことが必要です。

04

円滑な「事業承継」のために何をすべきか？

子どもを後継者にする場合に、気をつけるべきこと

子どもが後継者になる場合、親子ゆえにこじれやすい場合もあります。血がつながっているがゆえに反目してしまうとき、どうすべき？

親は子に継がせたい、子は親の言うことを聞かない

経営者の後継者問題は、とても難しい問題です。親子に限らずそうです。とくに、先代が一代で会社を大きくした人物のような場合、なんとか経営ができるというレベルの後継社長のやり方だと、もどかしくて仕方ないのです。

これが、親子でなければ「社長としての機能」の優劣だけを考えて、厳しいことを言ったり、ときには辞めてもらったりもできるのです。お金で解決することができる。

ところが、親子となると、様相が変わってくるわけです。

子どもにその力がなくても、やらせたい。株式のこともあります。

力がまずまずあるのではないかという場合も、やることなすこと面白くない。

よく、親子間で揉め、私のところに解決してほしいと相談に来られる方がいるのですが、私は話を聞いて、「それは会社の経営の問題ではなく、親子喧嘩の範疇ですから、親としてご自身で解決してください」と言います。


ずいぶん前の話ですが、息子さんが後継者と決まっているものの、気に食わないことが多くて、何かとお父さんが口を出し、揉めていた親子がいました。

お父さんのほうが正しいことを言っている部分もあるし、息子さんの言っていることが分かる部分もある。

私はその息子さんに、**「親孝行して不幸になった人はいませんよ」**と言いました。

先代はずっと会社をつぶさずに続けてこられたのですから、言っていることが大きく間違っているわけではないのです。

「いろいろ感じるところはあるでしょうが、ここは素直な心で、先代の言っていることを一旦受け入れてみてはどうですか？」と提案しました。

息子さんは理解してくれ、その会社にしばらく平穏な日々が訪れました。

私がその話をしてから半年ほどして、元気だったお父さんが突然倒れ、亡くなられました。

息子さんから、「あのとき、小宮さんがああ言ってくださったので、最期に親不孝をしなくて済みました。本当に感謝しています」と言ってくださいました。

親が経営者だから子どもが継がなければいけない?

親が経営者だから、子が継がないといけないということはないと思います。

親がプロ野球の選手をしているから自分もなりたいと言っても、実力が認められなかったらなれません。

それと同じように、経営者も誰でもなれるものではないという認識が必要です。

好きになれないのに経営者になる人は、ある意味、気の毒です。好きになれないなら、本来、やってはいけないのです。好きでも能力や意識が低ければ同じです。

経営を失敗したら、倒産です。多大な迷惑を多くの人にかけますから、嫌々やられたら、たまったものではありません。

息子だから、娘だから、継がなければいけないということはない。

オーナー経営者の場合、株式の継承の問題もありますが、すごく良い会社をつくって、優秀な人を雇って経営してもらって、経営と所有を分離するというやり方もあります。

継がせたものの、やる気もなくて遊んでばかりいるなら、クビにする。**社長としての機能を果たせない人間を、その地位につけておくことが間違っています。**

もし少々能力が低くても、親を尊敬していて、真面目にやろうとしているなら、**優秀な補佐をつけてやればいい**のです。先代の番頭みたいな人ではなく、若い後継者を支えられるような、同年代の部下をつけてやる。

ここでも大切なのは、**素直かどうか**です。素直さとやる気があれば、能力は補佐できるのです。要するに、前向きなやる気と素直さ、まじめさなのです。

子どもに期待しすぎ、その実力評価を誤ると、優れた経営者も晩節を全うすることができなくなってしまいます。会社は、社会の「公器」と考えて、ベストな選択をすることが大切です。

Point

**子どもに無理に継がせずとも良い。
会社は公器、世の中のためにあるべきもの。**

05

ウィズ・コロナ時代の経営はどうあるべき？

未来が早く訪れた世界で、トップがなすべきこと

2020年はコロナ禍で、経営のあり方も大きく変わりました。この危機を乗り越えるには、変化を受け入れ、自ら変わろうとする必要があります。

まずは資金繰りを正確に把握せよ

コロナ禍による経済の落ち込みは激しく、戦後最悪とまで言われています。

今回の騒動が始まった当初から、私は折あるごとに経営者の方たちに「できるだけ手元流動性を高めておいたほうがいい」とお話しして、融資などで資金調達をしておくことをお勧めしていました。

危機時に頼りにできるのは、自分でコントロールできるお金だけだからです。

今回のコロナのような危機時に事業を継続していくためには、なんといっても資金繰りの問題が最重要。**まずは資金繰りを正確に把握しないといけません。**

まず手元の資金と追加融資等、さらには、今後の売上等で持ち堪《こた》えられる期間を計算してみてください。厳しめに見積もって、1年間やっていけるぐらいの資金を確保しておきたいところです。時間を稼いでいる間に、キャッシュを生むビジネスを探すのです。

業種や業界、企業規模によっても差はありますが、1年継続していける算段のもと、ウィズ・コロナの環境下で今後何をすればいいか、どのように事業収益を上げていったらいいか、事業計画を立て直していくのです。

雇用を守るにしても、コスト削減、業務のスリム化を図るにしても、当面の資金繰りに逼迫していては、冷静な判断は難しいです。「資金繰り第一」になってしまいます。

日本でも世界でも、いろいろな企業が次々に倒れています。

もっとも、2020年上期に倒れた企業のほとんどは、それ以前からかなり体力の弱っていたところです。コロナ不況の影響はもちろん大きいのですが、ウイルス騒動が起こらなかったとしても、いずれ倒れる可能性が高かった、もう踏ん張る体力がなくなっているところから倒れているのです。そういう意味では、何年か先に起こりそうだったことが、コロナによって早く起きてしまった、といえます。倒産とまではいかなくとも、弱体化していた企業や業種の衰退スピードも速まったと感じます。

今回のコロナ禍は、社会の変化スピードを上げました。いずれ来るだろうと思っていた未来が、良いことも悪いことも、予想以上に早く現実のこととなったのです。

最も顕著に変わったのが働き方です。

テレワークによって働き方がどう変わっていくかという話もしましたが、直接対面しなければうまくいかないだろうと思っていたことの多くが、オンラインでも十分機能することがさまざまな場面で実証されました。

私自身、1年前には、オンラインでミーティングや講演ができることを知っていても、自分がやろうとは思わなかったわけですが、いまや会議も講演もオンライン抜きでは考えられないようになっています。

通勤や移動、出張などに時間をかけなくてよくなったことで、疲労も少なくなり、時間を効率的に使えるようになったと感じているビジネスパーソンは多いと思います。

コロナ禍は良くないこともいろいろもたらしましたが、いい変化も進めました。今回のようなことがなかったら、働き方がこんなに一気に変わることはなかったでしょう。

状況を素直に受け入れ、変わることを恐れない

「こんなウイルスがなかったら」といつまでもこだわっていても詮無いことです。

まず、ウイルスがある前提、「ウィズ・コロナ」の状況を素直に受け入れるのです。そうすることで、これからどうすべきかを前向きに考えられるようになるのです。会社を率いるリーダーとして、**「どう前向きに対応するか」**という姿勢は非常に大切です。現状を正確に分析し、資金繰りの見通しを立てるだけなら、経理の人でも、会計士や税理士の人でもできます。

経営者がやらなければいけないのは、**「見通しを立てる」だけではなく、環境変化に対し「どう前向きに対応するかを考え、実行する」**ことです。それでこそ経営者です。それには、状況に応じて融通無碍《ゆうづうむげ》に変わっていける素直さを持たないといけません。**考え方をどんどんシフトしていける、変わっていけることがとても大事**なのです。未来がせっかく早く来たのですから、この流れに乗って、どんどん変わっていくことです。変革期だからこそ、会社の仕組みもみんなの意識も変えやすいときだといえます。

Point

コロナ禍で起きた変化を素直に受け入れ、前向きに変化できた会社が生き残る。

06

危機的状況で、どんな言葉を語るべきか？

優秀な経営者は、社員に「安心感」を与えようとする

会社が危機的状況にあるとき、社員も大きな不安を抱えています。そんなとき社長は、どうふるまい、どんな言葉を伝えるべきでしょうか？

社員の危機感をあおってはいけない

会社の置かれた状況が厳しいとき、社員に対して、危機感をあおるようなことばかり言う社長がいます。社員の人たちにも危機意識を共有してもらおうという気持ちかもしれませんが、私は逆効果だと思っています。

経営幹部のあいだでは危機感を共有することは必要ですが、一般社員の人たちにも経営陣と同じような危機感を持たせようとするのは、あまりいいことではありません。

社長と社員は、雇う側と雇われる側、指示をする側とそれに従う側、立場がまったく違います。状況の受けとめ方も当然、違います。ですから、**危機感を共有して社員との**

絆を強め、一枚岩になろうとしても難しいのです。

とくに今回のコロナ対応のように先行き不透明な状態が長期化していると、社員の不安感は増しています。そこに社長からさらに危機感を訴えられたら、「うちの会社、大丈夫だろうか？」といっそう不安になり、みんなの気持ちが浮き足だってしまいます。もし、本当に存続が難しいなら、それを正直に伝え、早めに転職などを準備してもらったほうがいいでしょう。

その言葉は、社員に「安心感」を与えられているか？

では、社長は何を語るべきなのでしょうか。まず、「早め早め」に「具体的」な状況や対応策を伝えること。そして、**「前向きな対応策」を語り、「安心感」を社員に与える**ことです。

「前向きな対応」の大事さはすでにお伝えしたとおりですが、同時にトップは、社員に安心感をもたらす話、今後に希望の持てるメッセージを伝えることが大切なのです。

例えば、「資金繰りが大変だ」と知らされても、社員はどうしたらいいか分からず、不安になるだけです。しかし、「融資と公的支援策により、会社の資金繰りに関して1年間は心配ありません」と伝えられたらどうでしょうか。会社がすぐにつぶれるわけではないことが分かり、安心して自分たちの仕事に集中できます。

このように、厳しいなかでも社員にモチベーションを持ち続けてもらうためには、まずは安心感を持ってもらうことです。そのうえで、「これから、こういうことをやっていきますから、皆さん協力してください」と伝えて、意識統一、結束を図るのです。

結局、「この人についていこう」と思われるかどうか

人とのコミュニケーションは、「意味」と「意識」の両方と言いました。相手が伝えようとしている「意味」が分かれば、とりあえずコミュニケーションは取れます。

しかし、**意識の疎通がうまくいっていない関係では、何かトラブルが生じたとき、あるいは危機のときなどに、綻びが表に出てくる**のです。

コロナ禍で、医療機関で働く人たちのハードワークが続くなか、ある病院でボーナスカットに不満を抱いて看護師さんたちが大量に辞めると言い出す騒動がありました。これはボーナス云々というよりも、日ごろから労使間の関係が良くなかったのでしょう。信頼関係がなかったゆえの意識のギャップが、危機下で一気に噴出したのだと思われます。

普段はできていないことが、危機になったらできるようになることはありません。意識の疎通不足は、危機のときにはいっそう顕著にあらわれます。

逆に言えば、日ごろからコミュニケーションがうまく取れていて、意味も意識もかよわせることができていたら、危機のときにもそれは活きるはずです。

『論語』に、**「民は之に由らしむべし。之を知らしむべからず」**という言葉があります。「民衆に政策のすべてを理解してもらうことは難しい。だから為政者は、民衆から信じられ頼りにされなければいけない」という意味だと安岡正篤先生は説かれています。「知らしむべからず」とは、知らせるなということではなくて、知らせてもすべてを完全に理解してもらうことは難しいという意味です。だからこそ、為政者というのは日ごろから「あの人のすることだから、ついていこう」と思ってもらえるような存在、信頼される存在にならなければいけない、と言っているのです。

これは、経営者も同じです。普段の言動を通じて社員から信頼されていれば、何か事が起き、それに対して会社が指針を出したときに、みんなが「社長の言うことだから、信用できる」「社長についていこう」という気持ちになってもらえるはずなのです。

Point

できる社長は、危機感ではなく安心感を与え、「この人についていきたい」と普段から思われている。

07

逆境は、「工夫する力」で乗り越えよ

「世の中のほうから」考えれば、アイデアはいくらでも出てくる

コロナ禍だからこそ気づけたこと、できたことも多くあるはず。逆境でもチャンスをつかむために、経営者ができる「工夫」とは？

コロナ禍で生まれた新たなチャンス

皆さんもコロナで困ったことはたくさんあったでしょうが、こういう状況があったからこそ気づけたこと、できた工夫などもけっこうあるのではないかと思います。

うちの会社では、オンラインで講演やセミナーをやるようになりました。最近はさらに、オンラインとリアルを組み合わせた形でもやるようになりました。

会場に直接来て聴きたいという方は会場にお集まりいただき、オンラインで参加を希望される方はオンラインで参加していただく。やってみる前は、一体感が出るだろうかと心配していましたが、リアルのメリットとオンラインのメリットが両方とも活き、思

っていた以上に奏功しています。

これまで、定期的なセミナーに参加するために長時間かけて来られていた方たちから、「移動時間も交通費もかからずに参加できるようになった」と好評で、お客さまにとってもメリットになっています。

コロナがなかったら、こうした形にチャレンジすることは考えていなかったと思います。**困っている状況があったからこそ生まれた工夫の一つ**です。

どんなにピンチでも、チャンスに変えられることが何かあるものです。必要に迫られて何か新しいことを始める場合、新たな可能性の芽がいろいろあると思うのです。

お客さまのためにやれることはないか、考え続ける

自粛期間中、たまたまNHKのニュース番組を見ていたら、食品を扱っているところが大量に在庫を抱えて困っているという話をやっていました。

それで「うちの会員企業のお客さまの中にも、同じような状況で困っているところがあるのではないか？　何かお役に立てることはできないだろうか」と思い、**会員限定のお客さま向けの支援プロジェクトを始めることにしました。**

定期的にセミナーを受講していただいている会員の方が、現在、450人ほどいらっ

しゃいます。当社が仲介機能を果たして、会員相互の助け合いができるのではないかと考え、「販路に困っている商品や、逆にコロナに役立つ商品など、売りたいものがあったら出してください」と呼びかけることにしたのです。

会員同士というご縁を通じて、支え合える場、助け合える場の一つにしていただければという試みです。もちろん、当社はそこでもうけようとは一切考えていません。

普通の状況でしたら大きなお世話かもしれませんが、こんなときだからこそ、互助精神のようなものが有難いのではないかと考えたのです。

▼イベント会社が、「簡易PCR検査場」のアイデアをひらめいたワケ

イベント関連の会社がコロナで仕事がゼロになり、中国からマスクを仕入れて売ったという話をしましたが、あの会社はその後、さらに面白いことを考えました。

イベント会場には、よく空気で膨らませる遊具がありますが、その会社はそういう遊具の提供がメインの仕事です。そこで、**空気で膨らませて設営する巨大なエアーテントを開発し、それをPCR検査場として活用することを考えた**のです。

屋外の広いスペースがあるところに設営することで、密になりにくい。設置・移動が簡単なうえ、要らないときはたたんでおけばいいので収納場所もとりません。

普段から中国の企業と共同でいろいろ開発していたところから思いついたそうですが、私はその話を聞いたとき、「やっぱりこの社長はすごいな」と思いました。「いま世の中が求めているのは何なのか」「どうすれば、自分たちの強みを活かして社会に貢献できるか」ということへの感度がとても高い。

世の中のニーズを見極めて、必要なものを形にしていく力があるのです。普段からそういうことをよく考えているし、考えたことを実行している。思考力と実行力の両輪が、うまく回り続けているのです。

ドラッカーが言っているように、注視しないといけないのは「市場」と「強み」です。市場は世の中です。自分たちの持っている強みで、どうすればお客さまを喜ばせられるか。**「世の中のほうから」という視点を持てるかどうか**です。

自分で知恵が出なければ、社員みんなで考えればいいのです。できない理由より「やる方法」を考えて、迅速果敢に動く。これができれば、「逆境に強い会社」がつくれます。

Point

経営者は、どんなときでも「世の中のほうから考える」視点を持つこと。ピンチは、工夫を積極的に実行していくチャンスでもある。

08

「どんな危機にも負けない会社」のつくり方

あきらめないこと、徹底してやることこそ不変の成功法則

これから先も、「未曽有の危機」は再び訪れる可能性が高い。それに備えて会社のトップが、今からやるべき心構えとは何か。

「できることはすべてやれ、そして最善を尽くせ」

私がいま経営者の方によく話しているのは、カーネル・サンダースのこの言葉です。ケンタッキー・フライド・チキンの創業者として皆さんもよくご存じのカーネル・サンダースですが、その人生は波乱に満ちていたようです。

経営していたレストランがつぶれ、その店で人気のあったフライド・チキンのつくり方を自分の強みとしてフランチャイズビジネスを始めたのは、65歳のときでした。

けっしてあきらめない性格の彼は、断られても断られてもひるむことなくコツコツと営業し続け、73歳のときには全米で600店という一大ファストフードチェーンにまで

成長させ、さらに世界中へとその販路を広げていきました。

そのカーネル・サンダースが、自分には2つのルールがあっただけだと言っています。

「できることはすべてやれ、そして最善を尽くせ。それが、何かを達成する感覚をつかむ唯一の方法だ」

厳しい現実に挫け、あきらめてしまったら、その先はないのです。

「まだ何かできることがあるのではないか？」

「やれていないことがないか？」

「本当に最善を尽くしているだろうか？」

常に自問自答しながら、あきらめずに踏み込んでいく心意気を持つことが必要です。

コロナ禍は「徹底すること」を習慣づける好機

何かで成功されている方を見ると、いずれもこの「あきらめない」姿勢を持っています。別の言葉で言えば、「徹底的にやる」精神を持っているのです。

経営者の場合は、自分が徹底してやるだけでは成功できるとは言えません。自分の率いる会社に「徹底」の社風を浸透させ、社員が「徹底してやる」ことができるようにならなければ、ビジネスにおいて本当の成功はできません。

「徹底」というのは、経営における大切なキーワードの一つです。

一朝一夕ではできませんが、徹底の社風をつくっていくことが大事です。

徹底を教えるには、順境のときよりも、むしろ逆境にあるときのほうがいいのです。危機のときは、徹底してやるということがより浸透しやすいのです。

例えば、いまは衛生管理を徹底させやすい環境にあります。ウイルスに対する危機感が強いだけに、「きちんと手洗いをしよう」「マスクを着けよう」あるいは「ソーシャルディスタンスを保とう」ということを周知徹底させやすい。

仕事に対する姿勢も、危機のときに「徹底してやろう」「できることはすべてやれ」「やるからには最善を尽くせ」という姿勢を根づかせる格好のタイミングだと思います。そのためには、普段から、コミュニケーションの「意味」と「意識」のうちの「意識」の共有が大切です。コロナの時期ですが、メールだけでなく、「話す」ことも必要です。

危機は必ず訪れる。だからこそ、今から備えよ

2008年にリーマン・ショックが起きたとき、「100年に1回の大不況だ」と言われました。2011年に東日本大震災が起きたときには、「1000年に1回の大災害だ」といわれました。100年に1回、1000年に1回ならば、そうそう遭遇しそ

うにないように思いますが、起きてしまうときは起きるわけです。

ですから、これから先の10年も、いつ何が起きても不思議はありません。

何かは分かりませんが、**危機は必ず訪れる。ずっと安泰であることなどない**のです。

そして、**危機のときこそ、普段の姿がありのままに出ます。**

資金に余裕のない経営をしていれば、危機には資金繰りで首が回らなくなります。そうならないためには、「ダム経営」を心がけ、資金に余裕を持たせることです。

社長の決断に時間がかかる会社は、緊急時にもなかなか大事な決断ができず、会社の命運、社員の将来を脅かします。そうならないためには、普段から環境変化に目を配り、迅速な判断、即断即決の力をきたえておくことです。

危機ほど経営者の実力が出ますが、それは危機のときにだけ力が発揮できたりできなかったりするのではなく、普段の姿がはっきりと表に出るということなのです。

Point

未曽有の危機ほど、普段の準備、「意識」の共有がものを言う。逆境の今こそ、徹底することを習慣づけるべし。

おわりに

本書を最後まで読んでくださり有難うございます。社長として何をすればいいかが、分かったことと思います。

本書の冒頭に、成功は「ワンパターン」だと書きました。その「ワンパターン」を理解していただけたと思います。あとは、それを実践でやり通すだけです。そして、その根幹は、結局は考え方です。「経営的」な成功する考え方を持てばいいのです。

その際には、本書の中でも説明した、

・長期でものを考える
・経営と執行の分離
・経営人材の育成

ということを念頭に置きながら、経営という仕事である、

・方向づけ
・資源の最適配分
・人を動かす

の3つを行って欲しいのです。それぞれの考え方については、本文で詳しく説明しました。

あとは実践です。実際に経営を行っていく上では、多くの問題が出てくるかもしれませんが、繰り返し繰り返し、本書で説明した原理原則に立ち返り、反省する。

本書に書いた原理原則や考え方をベースに経営を行えば、きっとうまくいきます。それは、これまで私がアドバイスして成功した多くの社長が行ってきたことだからです。

もちろん、アドバイスした社長さんすべてがうまくいったなどとは言いません。しかし、多くの社長さんたちがうまくいっていることも確かです。成功の法則はワンパターンだと言いましたが、これは経験に基づいたものなのです。

一方、本書をお読みの方の中には、中堅・中小企業の経営者も多いと思いますが、「上場企業のように考える」ということもやってみてください。上場企業では、株主や証券取引等監視委員会、証券取引所など、さまざまな監視が利いています。もちろん、上場企業にも問題のあるところは少なくありませんが、少なくともある規模にまでなれた会社たちです。それにはその秘訣があるはずです。ですから、経営やガバナンスについての、その成功パターンをマネするのです。

例えば、取締役会を活性化する、優秀な社外役員を置くなどです。それらは、非上場の中小企業でも、組織を活性化する上でとても役立つものだと私は思っています。これまで上場企業の社外役員を4社経験しましたが、企業発展に役立つこともたくさん知りました。

さらには、経営は「十種競技」だと私はいつも感じています。ある特定のことを詳しく知ることも大切ですが、経営者となると、マーケティング、戦略、会計、ヒューマン・リソース・マネジメント、法律、さらには、社会情勢の変化など、多くのことを知る必要があります。一つ一つは、専門家レベルまで知る必要はありませんが、それでも、専門家の言うことがある程度理解できることは重要です。

専門的なことは専門家に任せるにしても、最終的な戦略判断は経営者が行わなければならず、その責任も取らなければならないからです。そして正しい生き方を学ぶことも大切です。今後も、幅広い知識を得る努力をしてください。そのために必要なことは「関心」でしたね。

学ぶことや、実践、そして反省を習慣化できている人が成功します。ぜひとも良い習慣を身につけてください。

皆さんがそういう習慣を持てば、成功に近づくことは間違いありません。そして、皆さんのそのような背中を見て、経営人材も育つことと思います。

最後に、本書作成にあたり、PHP研究所の中村康教さんと宮脇崇広さん、阿部久美子さんにはとてもお世話になりました。彼らのおかげで本のレベルが格段に上がりました。この場を借りて心よりお礼申し上げます。

皆さんが経営者として、成功されることを心より祈っています。

2020年9月

小宮一慶

〈著者略歴〉
小宮一慶（こみや・かずよし）
経営コンサルタント。株式会社小宮コンサルタンツ代表。十数社の非常勤取締役や監査役、顧問も務める。1957年、大阪府堺市生まれ。1981年、京都大学法学部卒業。東京銀行に入行。1984年７月から２年間、米国ダートマス大学経営大学院に留学。MBA取得。帰国後、同行で経営戦略情報システムやM&Aに携わったのち、岡本アソシエイツ取締役に転じ、国際コンサルティングにあたる。その間の1993年初夏には、カンボジアPKOに国際選挙監視員として参加。1994年５月からは、日本福祉サービス（現セントケア）企画部長として在宅介護の問題に取り組む。1996年に小宮コンサルタンツを設立し、現在に至る。
著書に、『社長の心得』（ディスカヴァー・トゥエンティワン）、『経営者の教科書』『社長の成功習慣』（ともにダイヤモンド社）、『図解「ROEって何?」という人のための経営指標の教科書』『図解「PERって何?」という人のための投資指標の教科書』（ともにPHP研究所）、『伸びる会社、沈む会社の見分け方』（PHPビジネス新書）など多数。

できる社長は、「これ」しかやらない
伸びる会社をつくる「リーダーの条件」

2020年10月15日　第１版第１刷発行

著　者　小　宮　一　慶
発行者　後　藤　淳　一
発行所　株式会社PHP研究所
東京本部　〒135-8137　江東区豊洲5-6-52
第二制作部　☎03-3520-9619（編集）
普及部　☎03-3520-9630（販売）
京都本部　〒601-8411　京都市南区西九条北ノ内町11
PHP INTERFACE　https://www.php.co.jp/

組　版　有限会社エヴリ・シンク
印刷所　大日本印刷株式会社
製本所　東京美術紙工協業組合

ISBN978-4-569-84756-6